出《で》口《ぐち》 汪《ひろし》の日本語論理トレーニング

基礎編

論理エンジンJr.《ジュニア》

2年

出口 汪＝著

小学館

劣っているからではなく、言語の習得が遅かっただけなのです。

「頭が良い」といった言い方をすると、どうしてもそこには生まれながらの能力の問題ととらえられがちになります。だから、私は決して「頭が良い、悪い」といった言い方をしません。論理力というと、言葉の規則に従った使い方のこととなり、それは後天的に訓練によって習得すべき言語技術の問題となります。

私たちは意識せずとも日本語を使いこなし、日常生活においてはそれほど不自由を感じることはありません。しかし、そうした日常生活レベルの日本語では、学習をしていく上では不十分です。

子どものうちから言葉の論理的な使い方に習熟することで能力開発につながるし、論理力だけでなく、感性まで磨くことができます。そうして、幼少期に獲得したその力は、生涯にわたってその子どもがより自由に生きるための武器となります。

今の子どもが二十歳を迎えるころ、この日本は、世界はどのようになっているでしょうか？

かつてはいかに速く正確に計算ができ、いかに記憶ができるかが、優秀な人間とされてきました。でも、今やそれらはコンピューターの仕事となり、人間はコンピューターのできない仕事を受け持つようになるのです。その時必要な能力が、自分でものを考え、他者とコミュニケーションを取ることができる力です。グローバル化の社会においても何よりも大切なのが論理力です。実際、文科省の学習指導要領を初め、全国学力テスト、ＰＩＳＡ（ＯＥＣＤ生徒の学習到達度調査）など、世界の潮流は論理的に考える力に注目しているのです。

それなのに、教育の世界は未だに旧態依然のままです。残念なことに、子どもたち自身が自分の教育を自分で選び取ることはできません。

小学生の間は、まさに親の選択の善し悪しが子どもの能力を決定します。

「論理エンジン」は日本で唯一の本物の論理力養成のための、システマティックに作られた教材です。しかも、中学生、高校生においてはめざましい成果をすでに上げています。

ぜひ子どもたちの将来のために「論理エンジン」で
本物の学力を養成してあげてください。

出口　汪

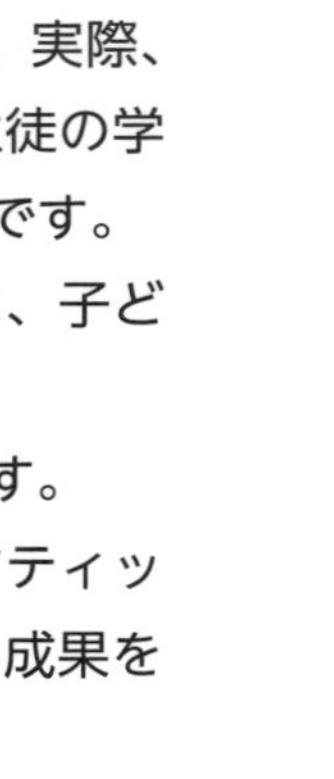

▶保護者の方へ◀

私たちは言葉を使ってものを考えます。言葉を使わずに何かを考えようとしても、カオス（混沌）の世界に投げ出されてしまうだけです。

子どもたちの感性も、言葉の使い方と無関係ではありません。私たちは外界をいったん言葉で整理し、その上で感性で処理するのです。たとえば、「暑い」と感じるのは犬や猫でも同じですが、言葉を持たない他の動物はそれを「暑い」とは認識できません。私たちはすべていったん言葉に置き換え、それに基づいて感覚的にそれを受け止めます。

何でも「ウザイ」「ムカツク」といった言葉でしか表現できない人間は、その言語能力に応じた粗雑な感性しか持つことができません。

実は、論理力とは言葉の規則に従った使い方ができるかであり、感性とは言葉の微妙繊細な使い方ができるかどうかなのです。

小学校の低学年は言語生活を送る上で非常に大切な時期となります。なぜなら、生まれて初めて集団生活をしなければならないからです。その時に必要なのはコミュニケーション力。その中心となるのが、論理力なのです。

もちろん、小学校二年生で高度な論理力を獲得できるはずはありません。しかし、どのような言葉の与え方をするかで、その後の学力の伸びに決定的な差が出ます。本書も言葉を教えることが中心になりますが、ただ闇雲に覚えさせるのと、論理を意識して体系的に言葉を与えるのとでは決定的に異なるのです。

「論理エンジン」は生涯にわたって必要な考える力（論理力）を獲得するため、まずは正しい一歩を踏み出すように体系的に作られています。

どこに行くのか分からないままに最初の一歩を踏み出すのと、明確なゴールイメージを持って正確な一歩を踏み出すのとでは、一年、二年、三年後に大きな違いが表れてきます。

考える力は頭の善し悪しだと考えられがちです。もちろん、先天的な個人差があることは否めませんが、それを論理力としてとらえたとき、先天的な才能よりも、後天的な訓練・学習による成果の方が大きいのです。

なぜなら、だれもがいずれは言葉を喋れるようになるからです。それは能力の差ではなく、早熟か否かの問題なのです。

この時期はどうしても言語の習得時期に個人差があります。早熟な子どもは幸い、人の話を理解することができ、学習の上でもコミュニケーションの上でも有利になります。ところが、たまたま言語の習得が遅い子どもは様々な場面において大変不利な状況に追い込まれてしまいます。でも、それは何も能力が

ステップ 1

だれが、なにが（1）

主語《しゅご》と述語《じゅつご》（1）

学しゅうした日　　月　　日

みんなといっしょにべんきょうをはじめる友《とも》だちをしょうかいします。

サッカーをならってます。とてもすきです。
●カズマ

カズマくん、これじゃなんのことかわからないよ。

え？

「ぼくは」「なにが」ということばがあると、聞《き》いた人《ひと》もわかりますね。じこしょうかいのときは、名前《なまえ》も言《い》いましょう。

・ぼくは、カズマです。
・ぼくは、サッカーをならっています。
・サッカーがとてもすきです。

よくわかりました。

だれがしていますか。あてはまることばを□に書《か》きましょう。

① □ ボールをけりました。

② □ 本を読《よ》んでいます。

ステップ 1

⇊主語《しゅご》と述語《じゅつご》（2）

だれが、なにが（2）

学しゅうした日　月　日

今日《きょう》は、図工《ずこう》の時間《じかん》に風車《かざぐるま》を作《つく》りました。□にあてはまることばを書《か》きましょう。

だれが教《おし》えてくれましたか。

□作《つく》り方《かた》を教《おし》えてくれました。

教《おし》えてもらったのはだれですか。

□先生に作《つく》り方《かた》を教《おし》えてもらいました。

ろんりポイント

「先生《せんせい》が」や「ぼくは」のようなことばを主《しゅ》語《ご》といいます。

主語《しゅご》には「だれが（だれは）」や「何《なに》が（何《なに》は）」などがあります。

・お母《かあ》さんが　サンドイッチを作《つく》っています。

・このたてものが　体《たい》いくかんです。

今日《きょう》のできごとを、日記《にっき》に書《か》きます。（　　）にだれが、なにがのことばを書《か》きましょう。

今日《きょう》は図工《ずこう》の時間《じかん》に、ストローとぎゅうにゅうパックをつかって風車《かざぐるま》を作《つく》りました。

手にもって走《はし》ると、①（　　　　）いきおいよく回《まわ》りました。

家《いえ》にもって帰《かえ》ると、②（　　　　）「色《いろ》をぬって回《まわ》してごらん」と言《い》いました。

③（　　　　）クレヨンで色《いろ》をぬりました。

回《まわ》してみると、きれいなもようが見えました。

ステップ 1

主語《しゅご》と述語《じゅつご》（3）

どうした、どんなだ、何《なん》だ（1）

学しゅうした日

月　日

こんどの日曜日《にちようび》には何《なに》をするのか、先生がみんなに聞《き》きました。

「サッカーのし合《あい》」だけでは、聞《き》いた人はわかりませんね。

- **サッカーのし合《あい》を見ます。**
- **サッカーのし合《あい》に出ます。**

など、いろいろ考《かんが》えられるからです。

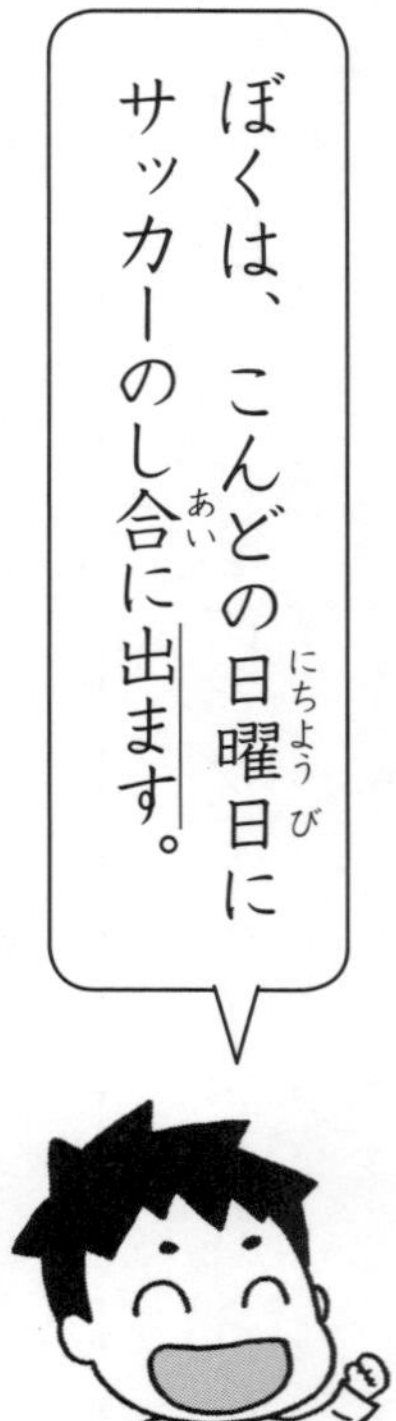

文では、「どうする（どうした）」ということばが、とても大切《たいせつ》です。

カズマくんは、し合《あい》に出かけます。

これがユニフォーム。

ちょっと大きいな。

・これが、ぼくのユニフォームです。
・ぼくのユニフォームは少《すこ》し大きい。

文に書《か》くとこうだね。—を引《ひ》いたところを読《よ》むと「何《なん》だ」「どんなだ」がわかるよ。

絵《え》と、下の文を読《よ》んで、「どうした」「どんなだ」「何だ」を答《こた》えましょう。

①

今日《きょう》のお昼《ひる》ごはんはカレーライスです。

お昼《ひる》ごはんは何《なん》ですか。

②

ふじ山は、とても高《たか》い。

ふじ山は、どんな山ですか。

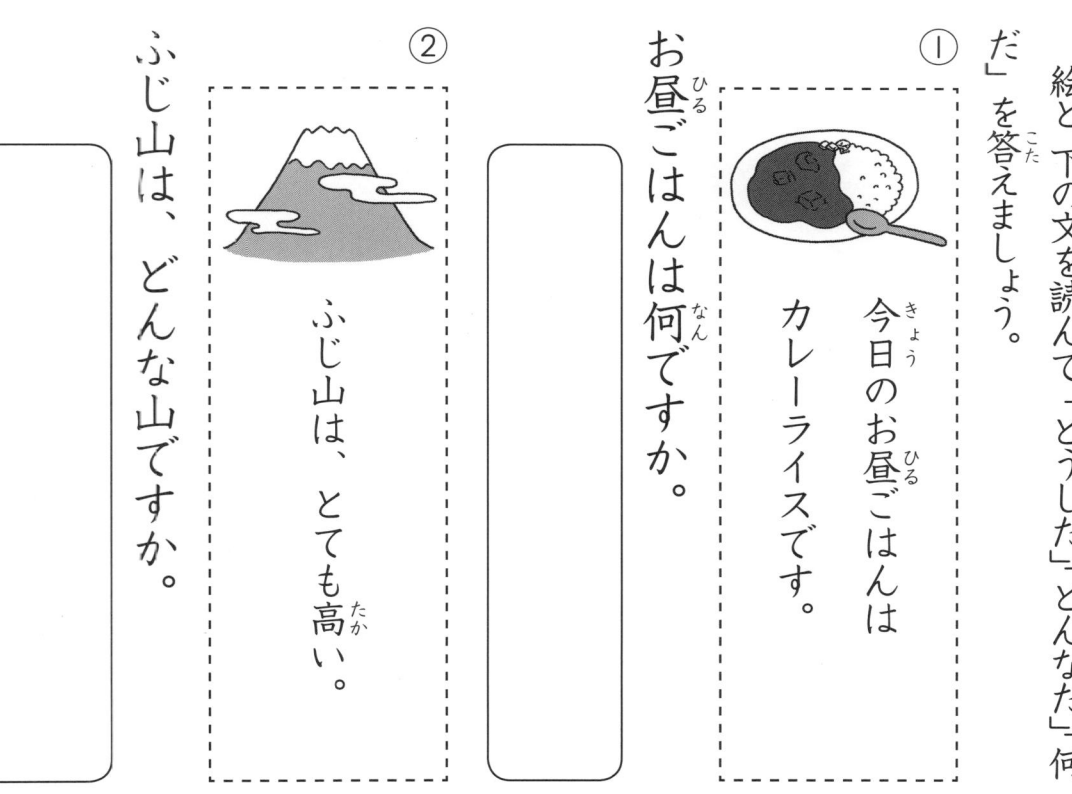

ステップ 1

どうした、どんなだ、何《なん》だ（2）

主語《しゅご》と述語《じゅつご》（4）

学しゅうした日　　月　　日

カズマくんの家《いえ》のにわに、たんぽぽがさいていました。

［　］にあてはまることばを書《か》きましょう。

あ、たんぽぽの花！

たんぽぽの花を、どうしましたか。

カズマは、たんぽぽの花を［　　　　］。

そうだ、たんぽぽの絵《え》！

たんぽぽの絵《え》をどうするのですか。

たんぽぽの絵《え》を［　　　　］。

文のなかの、「どうした」「どんなだ」「何《なん》だ」にあたるぶぶんを述語《じゅつご》といいます。

・たんぽぽがさいています。
・カズマが、たんぽぽを見つけました。

ろんりポイント

「どうした」（ぼくは　走《はし》った。）
「どんなだ」（花が　きれいだ。）
「何《なん》だ」（わたしは　二年生だ。）
のように述語《じゅつご》を書《か》きましょう。

今日《きょう》のできごとを、日記《にっき》に書《か》きます。（　）にあてはまる「どうした」のようなことばを書《か》きましょう。

にわにたんぽぽの花が
①（　　　　　）。
おばあちゃんが「花がかれたら、わた毛《げ》ができるよ」と②（　　　　　）。
わた毛《げ》にはたんぽぽのたねがついていて、それを風《かぜ》でとばすそうです。
ぼくはわた毛《げ》ができるまで、たんぽぽのかんさつをしようと③（　　　　　）。

ステップ 1

主語《しゅご》と述語《じゅつご》

主語《しゅご》と述語《じゅつご》（5）

学しゅうした日　月　日

① 学校《がっこう》のじゅぎょうのようすです。（　　）にあてはまることばを書《か》きましょう。

① 一時間《いちじかん》めのかもくは（　何《なん》だ（何《なん》です）　）。

② （　だれが　）が黒《こく》ばんにもんだいを（　どうした　）。

③ （　だれは　）と（　　）は、手を（　どうした　）。

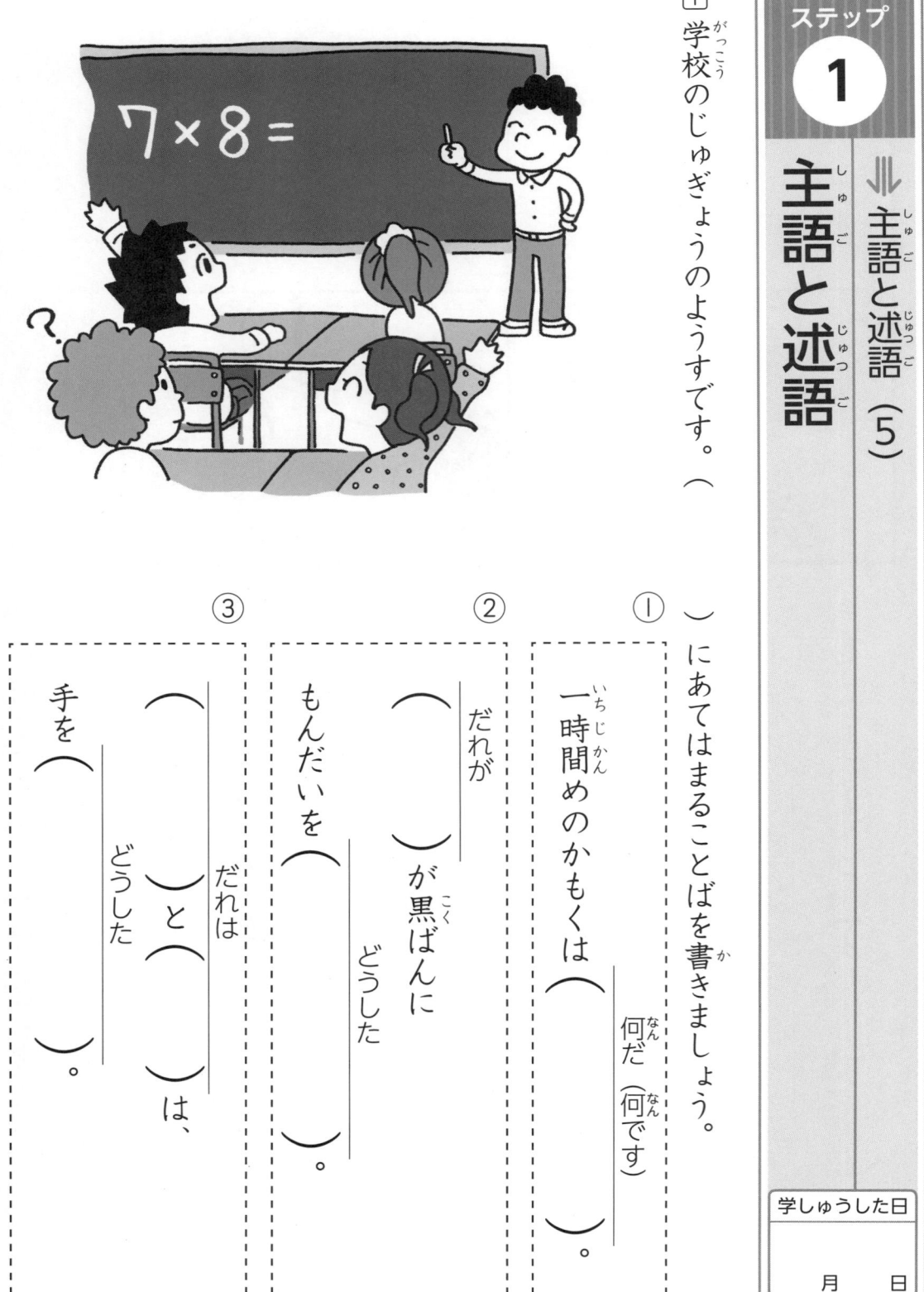

2 カズマくんの家《いえ》のようすです。□にあてはまることばを書《か》きましょう。

① □がネコにむかって□。

② 花だんには□が□。

③ 二ひきの□がカズマのよこを□。

ステップ 2

ことばのつながり（1）

かんけいのあることば

学しゅうした日　月　日

つぎのことばとかんけいのあることばを、後《あと》の［　］からえらんで［　］に書《か》きましょう。同《おな》じことばを2回《かい》つかわずに、ぜんぶのもんだいに答《こた》えましょう。

① めがね ［　］

② 読《よ》む ［　］

③ ノート ［　］

④ 走《はし》る ［　］

⑤ はさみ ［　］

⑥ とぶ ［　］

⑦ 自《じ》てん車

⑧ 見る

⑨ おふろ

⑩ 下りる

⑪ くつ

⑫ 食《た》べる

新聞《しんぶん》　切《き》る　かける　パン　ひこうき

書《か》く　テレビ　入る　はく　かいだん

こぐ　自《じ》てん車

答えは「別冊」の7ページに！

ステップ
2

ことばのつながり（2）

つながることば（1）

学しゅうした日
月　日

「かわいい」は、「子犬」がどんなようすかをせつ明《めい》しています。

かわいい
↓
子犬

上のことばとつながることばを線《せん》でむすびましょう。

楽《たの》しそうに ●	● くつ
しずかな ●	● 森
新《あたら》しい ●	● 歌《うた》う

いみがつながるように、ことばを線《せん》でむすんで、文《ぶん》を作《つく》ります。ぜんぶのことばを１回《かい》ずつつかうようにしましょう。

①
広《ひろ》い
プールで
およいだ。

②
赤い
おみこしが
通《とお》る。

③
おまつりの
くつ下を
はいた。

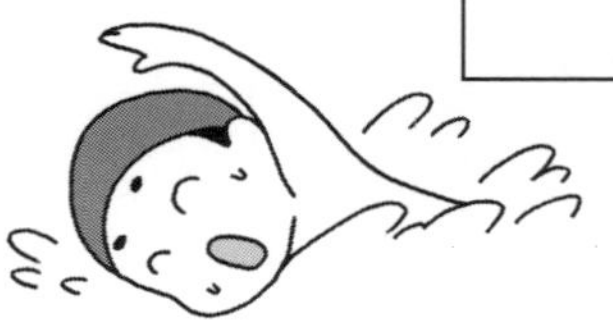

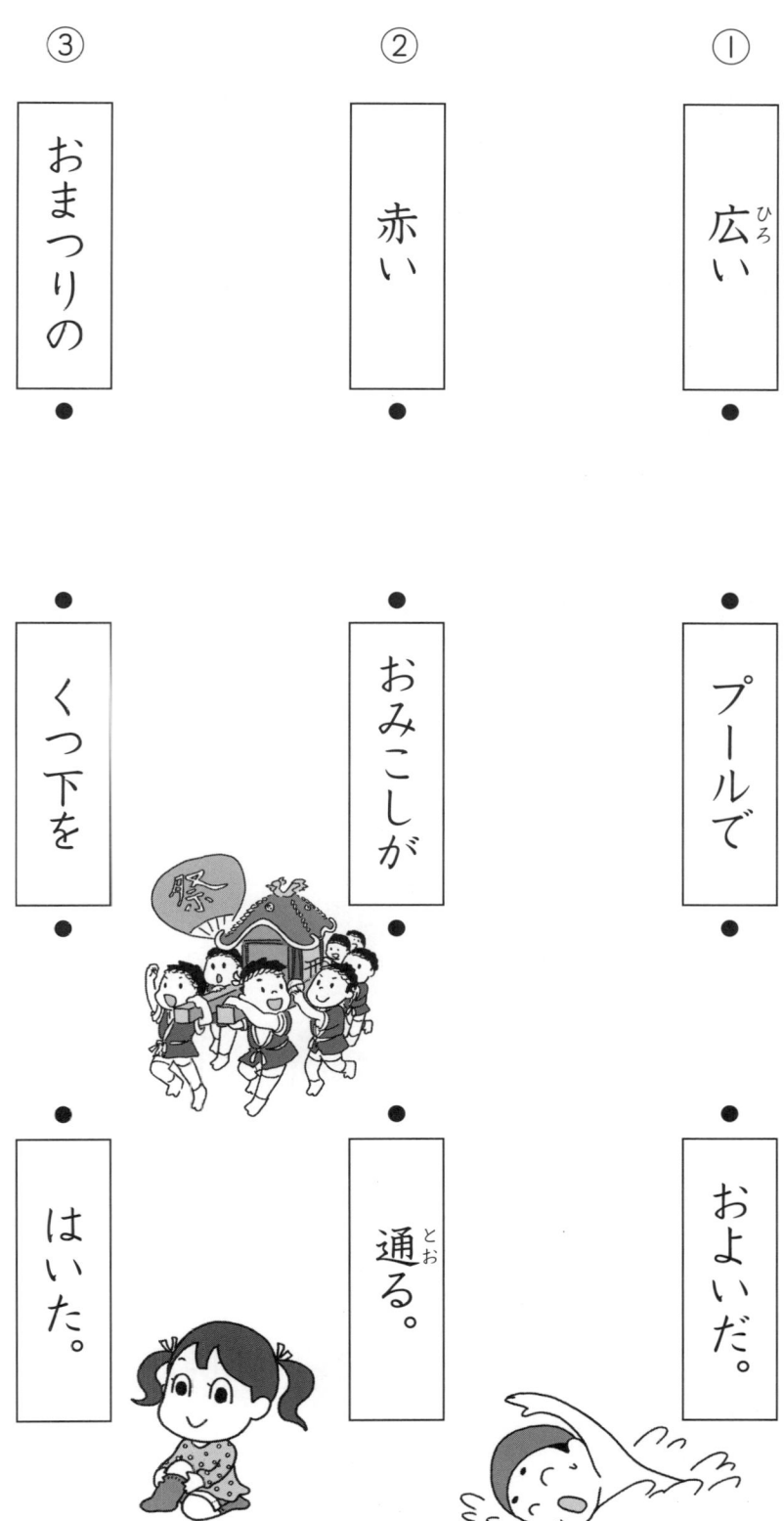

ステップ 2

ことばのつながり（3）

つながることば（2）

学しゅうした日　　月　　日

にわにさいた、花について話《はな》しています。

文に書《か》くと、つぎのようになります。

花が　さいた。

大きな　花が　さいた。

とても　大きな　花が　さいた。

とても　大きな　赤い　花が　さいた。

――のことばは、どのことばにつながっていますか。ことばを◯でかこみましょう。

れい 今日《きょう》は よい （天気なので、） 外《そと》で あそぼう。

① 青い セーターを きて 出かける。

② 二年生の 算数《さんすう》では、かけ算《ざん》を ならいます。

③ 学校の おく上から、高《たか》い 山が よく 見えた。

④ ふでばこには 四本の えんぴつが 入っています。

「よい天気」のように、いみがつながることばをえらんでね。

ステップ
2

⇓ことばのつながり（4）

どんなようすかな

学しゅうした日
月　日

絵《え》のようすをせつ明《めい》しています。下に行《い》くほど、よくわかりますね。

①りすがいます。

主語《しゅご》と述語《じゅつご》だね。

②どんぐりをもったりすがいます。

どんなりすか、わかるわね。

③どんぐりをもったりすが、木の上にいます。

どこにいるかが、わかったね。

つぎの絵《え》をせつ明《めい》します。（　　）にあてはまることばを書《か》きましょう。

①

（　　）が（　　　）。

②

（　　）が（　　）（　　）。

③

（　　）に、（　　）が（　　）（　　）。

ステップ 2

ことばのやくわり

ことばのつながり（5）

学しゅうした日　月　日

いつ、どこに行《い》くのか教《おし》えて。
えんそくのしおり
日時《にちじ》：５月20日
行《い》き先：水ぞくかん
もちもの：おべんとう、水とう、タオル、雨ぐ
遠足《えんそく》に行《い》くんだよ！

いつ、どこに行《い》くのかが、わかる文にして、つながることばに⇣をつけました。

5月20日に（いつ）
水ぞくかんに（どこに）
遠足《えんそく》に（何《なに》をしに）
行《い》きます。

「行《い》きます」につながることばを見てみましょう。

いつ行《い》く、どこに行《い》く、何《なに》をしに行《い》く、のように、やくわりがあります。

みんな「行《い》きます」をせつめいしているんだね。

つぎの文の中から、**ア**と**イ**にあたることばをえらんで書《か》きましょう。

ア いつ（時間《じかん》）をあらわすことば

イ どこ（場《ば》しょ）をあらわすことば

① 朝《あさ》9時《じ》に、うんどうじょうにあつまりました。

ア

イ

② イルカのプールで、午後《ごご》1時《じ》からショーがあります。

ア

イ

③ 春《はる》になると、水ぞくかんにラッコがやってくるそうです。

ア

イ

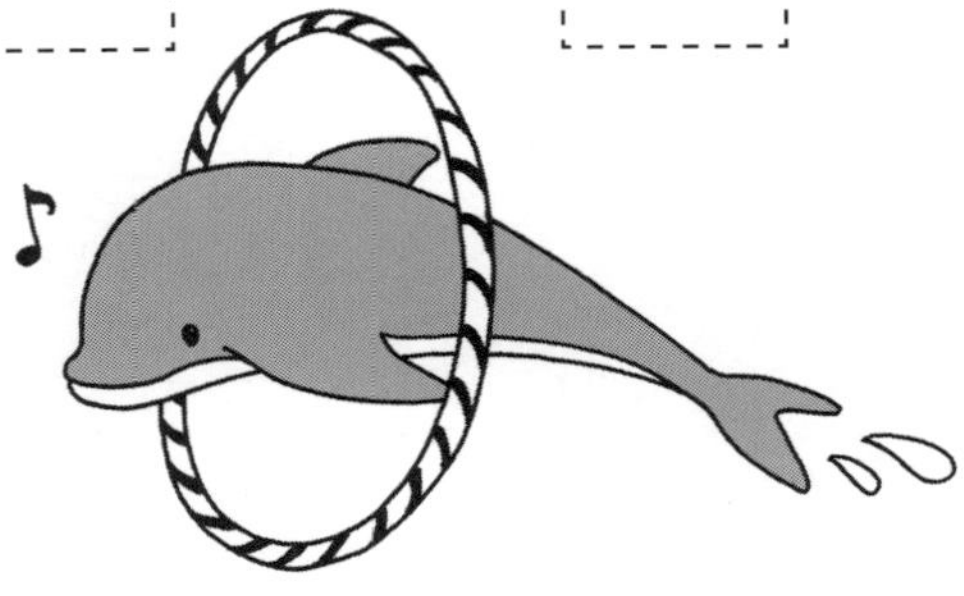

ステップ
3

ことばをつなぐことば、形《かたち》のかわることば（1）

ことばとことばをつなごう

学しゅうした日
月　日

1 絵《え》に合《あ》う文にするには、が と と のどちらのカードをつかえばよいでしょう。正しいほうに○をつけましょう。

①

妹《いもうと》 が と 公園《こうえん》に行《い》きます。

②

妹《いもうと》 が と 公園《こうえん》に行《い》きます。

2 つぎの□にあてはまるひらがな一字を書《か》きましょう。

自《じ》てん車

□ ほしい。

□ 買《か》ってもらった。

□ のるれんしゅうをした。

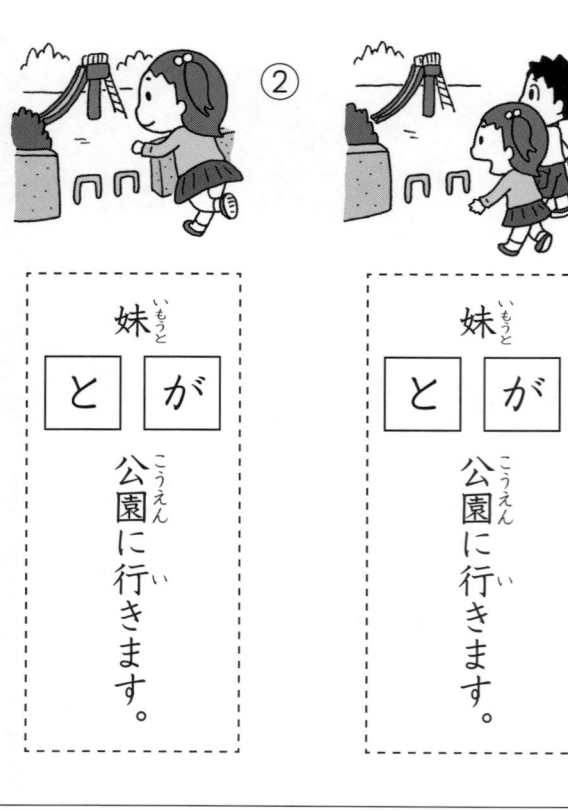

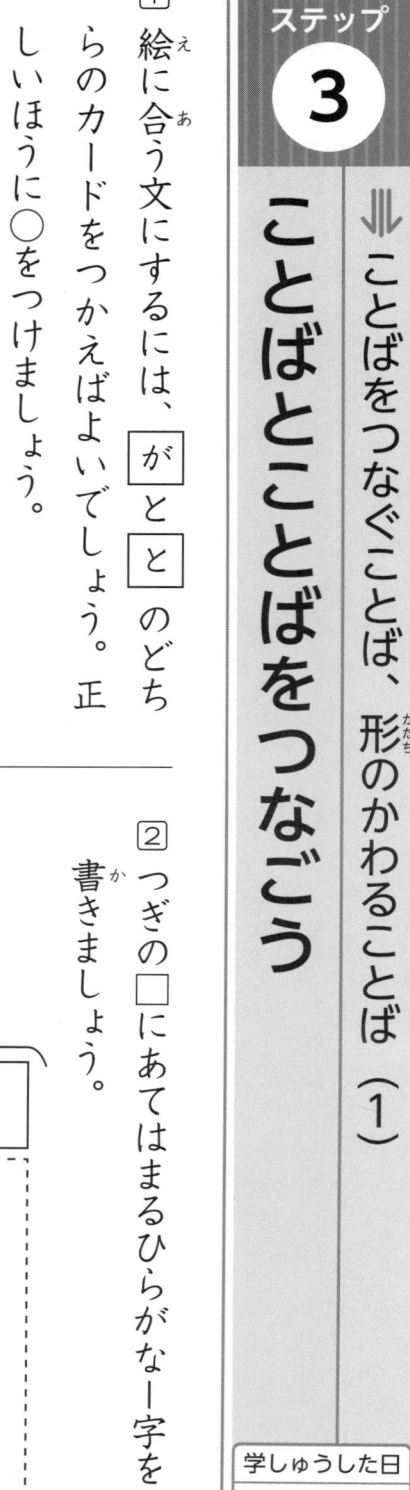

③ □にあてはまるひらがな一字を書《か》いて、文をかんせいさせましょう。

① うんどう会《かい》□、二年生□ダンス□50メートル走《そう》□出ます。

② てん校した友《とも》だち□、クラス□みんな□手紙《てがみ》□書《か》いた。

③ 図書《としょ》しつ□かりた本□、むかし□ようす□書《か》いてあった。

④ むかし□さむらい□弓《ゆみ》□刀《かたな》□もって、たたかったそうだ。

〈〈〈 答えは「別冊」の12ページに！

ステップ 3

つづけて書《か》こう

ことばをつなぐことば、形《かたち》のかわることば（2）

学しゅうした日　　月　　日

1 後《あと》の絵《え》のどれかに合《あ》うように、上と下を線《せん》でむすんで文を作《つく》りましょう。

① 妹《いもうと》 に ・　　・ あめをあげた。

② 妹《いもうと》 は ・　　・ おんぶした。

③ 妹《いもうと》 を ・　　・ 一年生です。

2 絵《え》に合《あ》うように、文のつづきを書《か》きましょう。

①

電話《でんわ》 で ＿＿＿＿

②

電話《でんわ》 を ＿＿＿＿

③

電話《でんわ》 が ＿＿＿＿

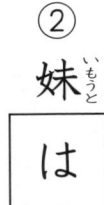

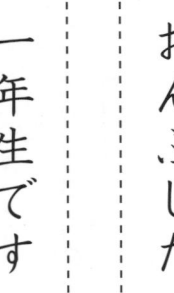

③ つぎの3つの絵《え》をつないで文を作《つく》ります。［　］のことばを（　）に書《か》きましょう。□には、あてはまるひらがな一字を書《か》きましょう。

①

バスガイドさん□、
（　　）□（　　）
□教《おし》えてくれました。

バスの中
歌《うた》

②

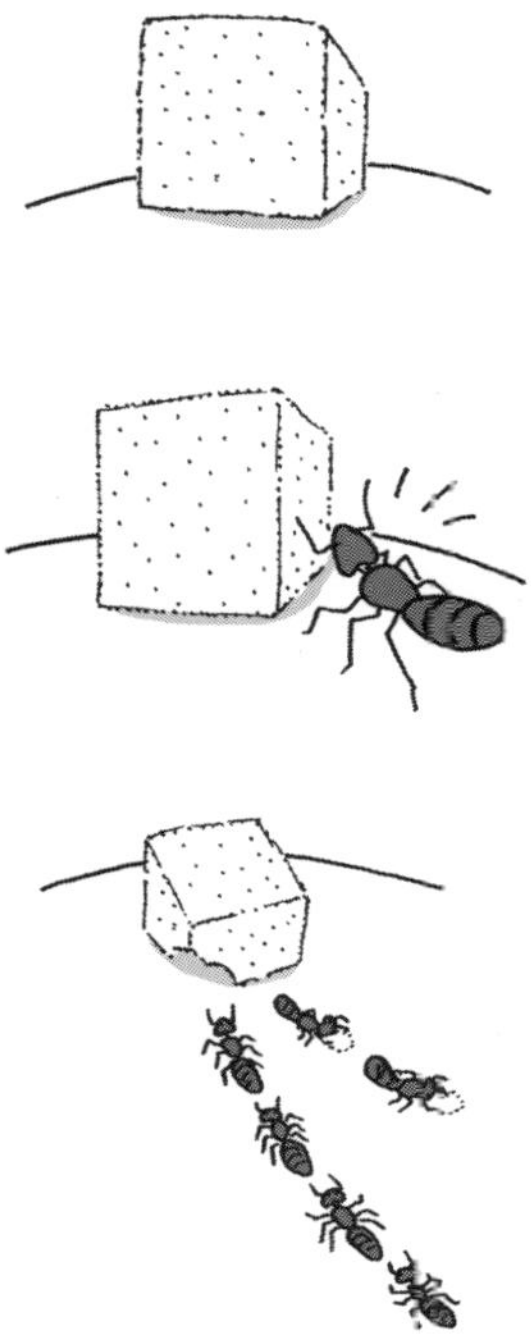

さとう□（　　）
（　　）□（　　）□
つくっています。

あり
見つけた
ぎょうれつ

ステップ 3

ことばをつなぐことば、形《かたち》のかわることば（3）

絵《え》に合《あ》う文をえらぼう

学しゅうした日　　月　　日

おばけやしきに行《い》った友《とも》だちと話《はな》しています。

行《い》ったよ！
おばけやしき
ぼくも行《い》きたいな。
こわそうだから行《い》かない。

ことばには、形《かたち》がかわるものがあります。形《かたち》がかわると、いみもかわります。

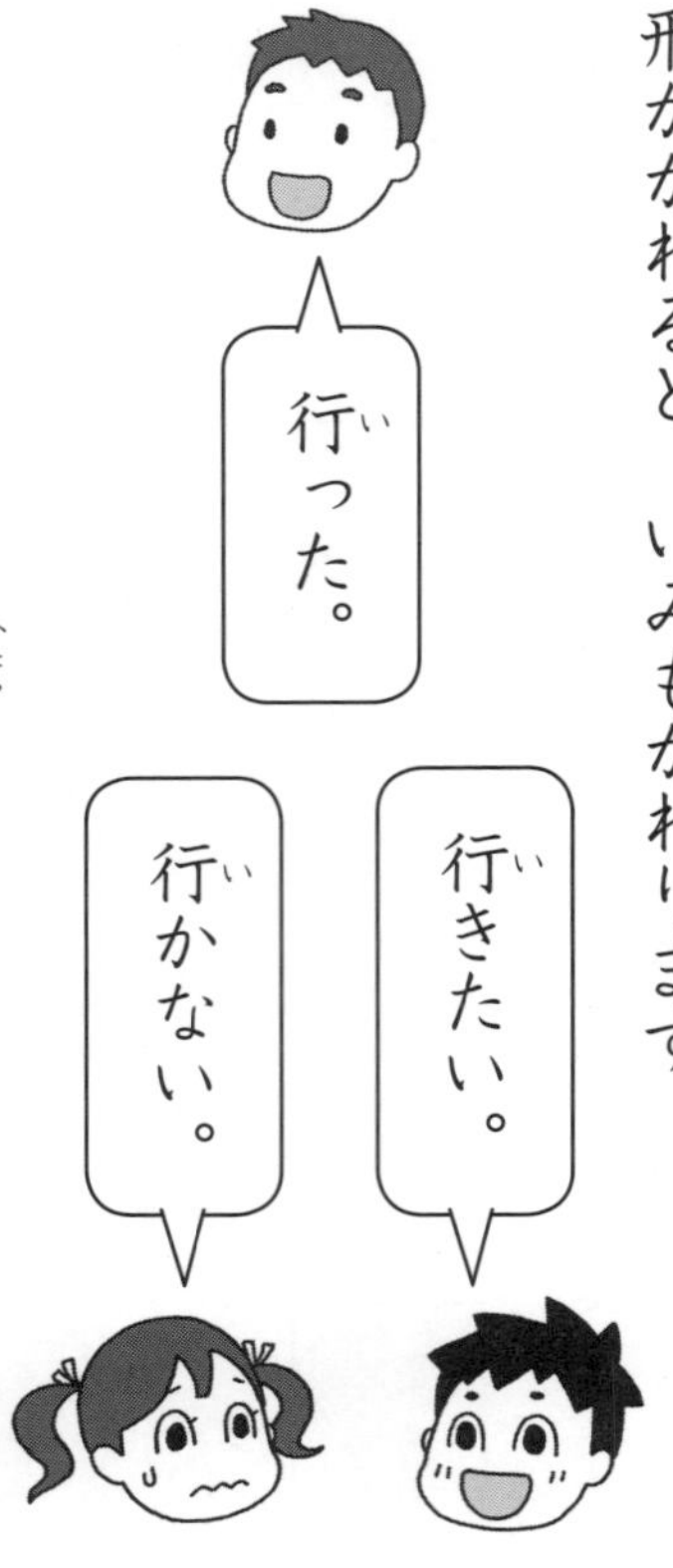
行《い》った。
行《い》きたい。
行《い》かない。

ほかにも、こんな形《かたち》があります。

- 「行《い》くの」「行《い》きますか」……たずねるとき
- 「行《い》ってください」「行《い》ってほしい」……おねがいするとき
- 「行《い》くでしょう」「行《い》くだろう」……これからのことを言《い》うとき
- 「行《い》け」「行《い》きなさい」……めいれいするとき

上の絵《え》に合《あ》っている文の□に○を書《か》きましょう。

①

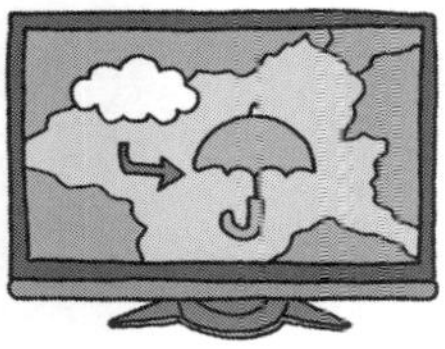

□ 雨がふりました。

□ 雨がふるらしい。

②

□ アイスクリームを食《た》べたい。

□ アイスクリームを食《た》べます。

③

□ 早く行《い》きなさい。

□ 早く行《い》きたい。

④

□ すぐに帰《かえ》ってくるでしょう。

□ すぐに帰《かえ》ってきますか。

ステップ 3

ことばをつなぐことば、形《かたち》のかわることば（4）

形《かたち》のちがいといみのちがい

学しゅうした日　月　日

1 「れい」のように、□にひらがなをあてはめて、絵《え》に合《あ》う文に書《か》きかえましょう。

れい

この本はおもしろい。

↓ この本は、おもしろ[そ][う][だ]。

①

にもつをもつ。

↓ にもつをもた□□。

②

市《し》やくしょはここです。

↓ 市《し》やくしょはここです□。

③

野《や》きゅうを見に行《い》く。

↓ 野《や》きゅうを見に行《い》き□□。

2 文のはじめに合《あ》う、文のおわりをえらんで線《せん》でむすびましょう。

①わたしとお姉《ねえ》さんは、公園《こうえん》で・

②かぜをひいたので、今日《きょう》はいっしょに・

③友《とも》だちは、来週《らいしゅう》の日曜日《にちようび》に家《か》ぞくと川原《かわら》で・

・あそびません。

・あそびました。

・あそぶらしい。

3 左の3つの文のうち、まだおきていないことを言《い》っているのはどれでしょう。

①さくらの花がさいたらしい。

②さくらの花がさきました。

③さくらの花がさくでしょう。

ステップ 3

⇓ことばをつなぐことば、形《かたち》のかわることば（5）

「ました」？「ません」？

学しゅうした日　月　日

つぎの文しょうの（　）に、「ました」か「ません」のどちらかを書《か》きましょう。

山から里《さと》の方《ほう》へあそびにいったさるが一本の赤いろうそくをひろい①（　　　）。赤いろうそくはたくさんあるものではあり②（　　　）。それでさるは赤いろうそくを花火だと思《おも》いこんでしまい③（　　　）。

さるはひろった赤いろうそくを大じに山へもって帰《かえ》り④（　　　）。

山では大へんなさわぎになり⑤（　　　）。何《なに》しろ花火などというものは、しかにしても、※ししにしても、うさぎにしても、かめにしても、いたちにしても、たぬきにしても、きつねにしても、まだ一ども見たことがあり⑥（　　）。その花火をさるがひろって来《き》たというのであります。

「ほう、すばらしい」

「これは、すてきなものだ」

しかやししやうさぎやかめやいたちやたぬきやきつねがおしあいへしあいして赤いろうそくをのぞき⑦（　　）。

するとさるが、

「あぶないあぶない。そんなに近《ちか》よってはいけない。ばくはつするから」といい⑧（　　）。

（新美南吉『赤いろうそく』より）

※しし…いのししのこと。

ステップ 4

一 文を作《つく》る（1）

ことばをならべて文を作《つく》ろう

学しゅうした日　　月　　日

1 上の3つのことばをならべかえて、一つの文を作《つく》ります。ます目に合《あ》うように考《かんが》えて書《か》きましょう。

れい

のむ　水　犬

↓

犬が水をのむ。

① かいた　絵《え》　犬

↓

□□□□□□□□

② 絵《え》　海《うみ》　およぐ

↓

□□□□□□□

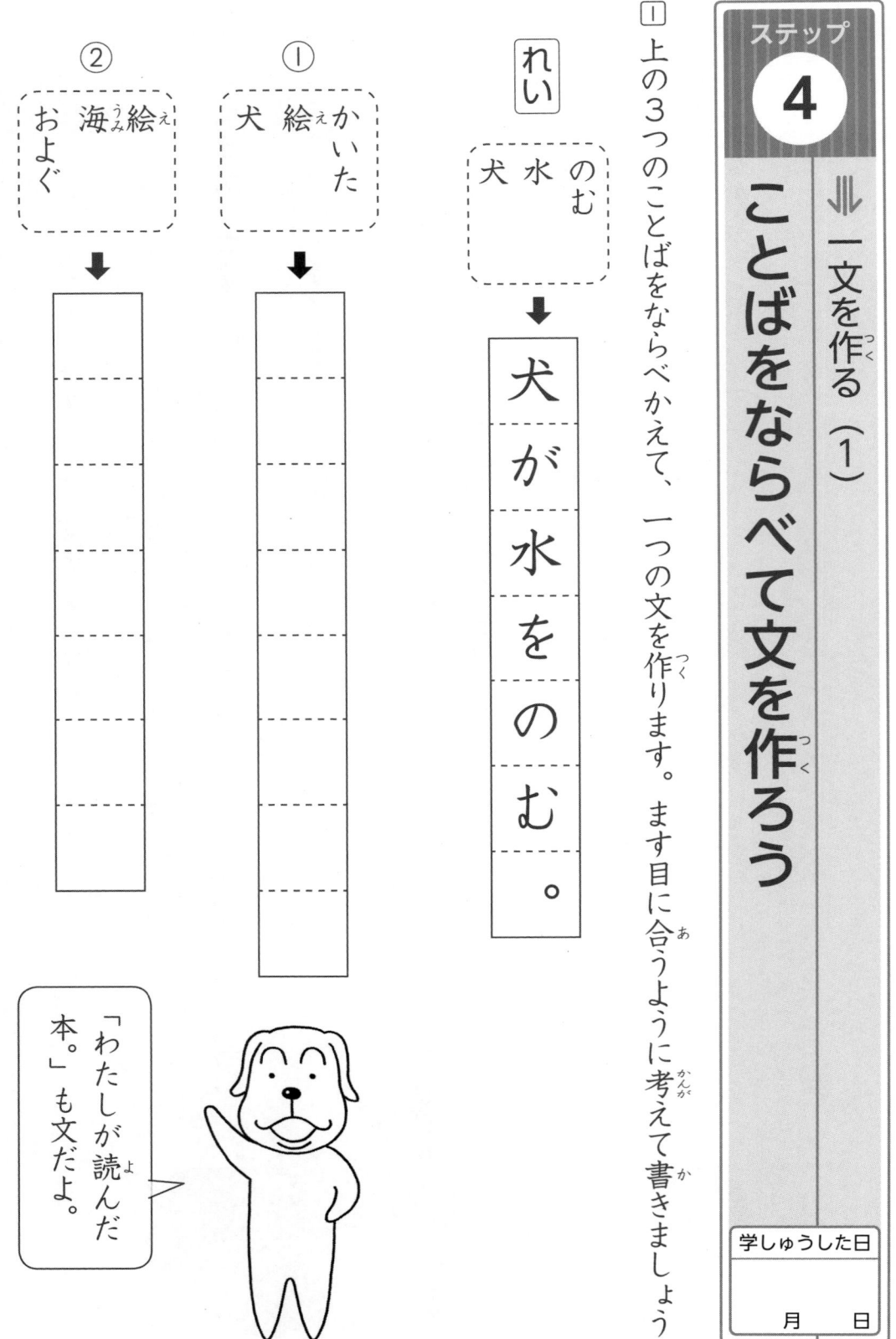

②上の3つのことばをならべかえて、文を二つ作《つく》ります。ます目に合《あ》うように考《かんが》えて書《か》きましょう。

①

手
ふる
先生

②

かん字
おぼえた
書《か》いた

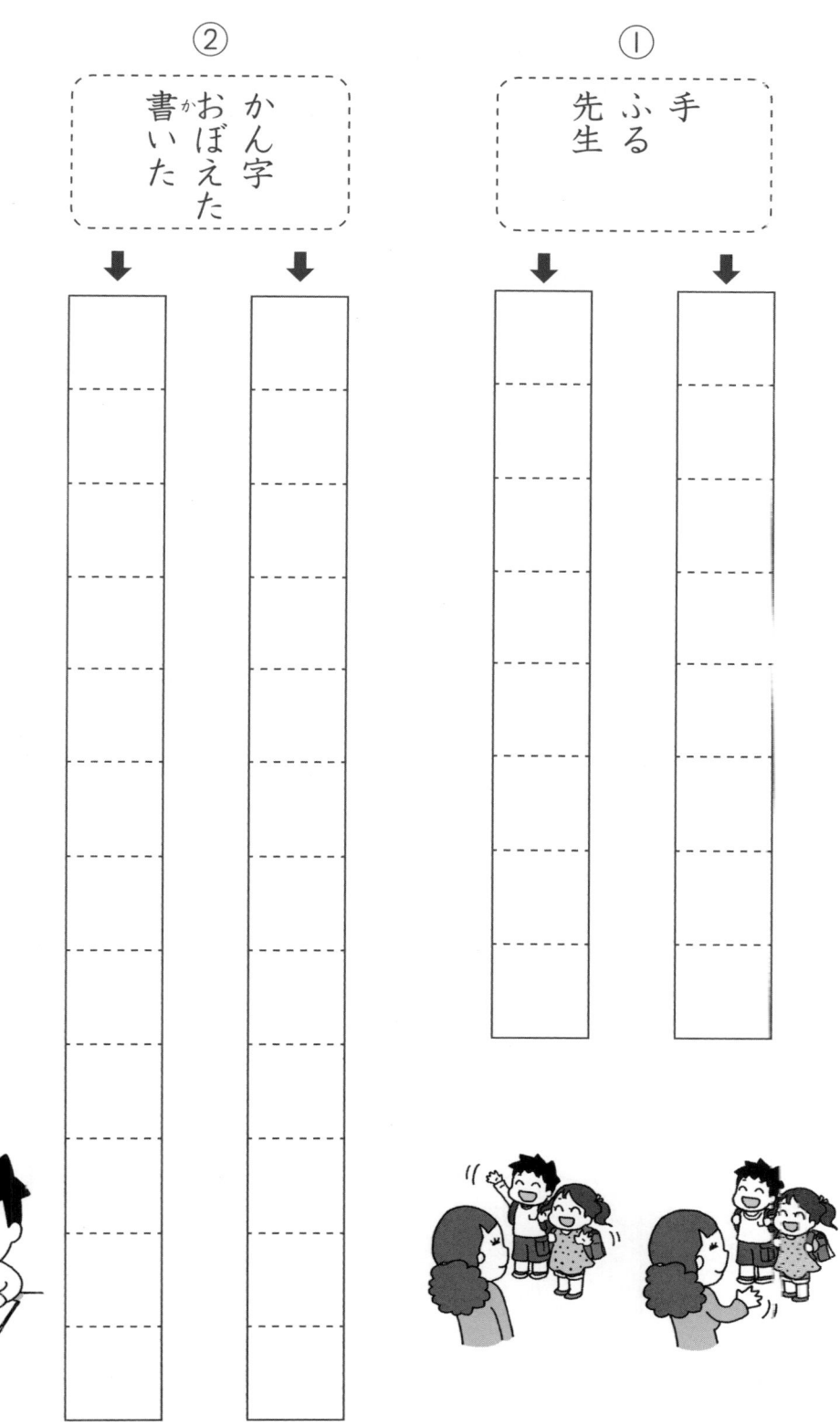

ステップ 4

⇓ 一文を作《つく》る（2）

絵《え》に合《あ》う文を書《か》こう

学しゅうした日　月　日

① 左の絵《え》を見て、「だれが」「何《なに》を」「どうする（どうした）」の□にあてはまるように、文に書《か》きましょう。

だれが	何《なに》を	どうする
先生が		
みんなが		
リサが		

2 つぎの絵《え》は、サンドイッチの作《つく》り方《かた》の絵《え》です。作《つく》り方《かた》のじゅんばんを、左の □ にあてはまるように後《あと》の ┆　┆ からえらんで文に書《か》きましょう。

	何《なに》を	どうする
はじめに		
つぎに		
さらに		

	何《なに》で	どうする
さいごに		

パンを　バターを　のせます　はさみます
パンで　ハムと野《や》さいを　切《き》ります　ぬります

ステップ 4

一文を作る《つく》（3）

話《はな》しことばを文にしよう

学しゅうした日　　月　　日

どうぶつ園《えん》に来《き》て、ぞうを見ました。みんなで、ぞうのはなについて話《はな》しています。

1 上の話《はな》しことばを、「れい」のように文にします。（　）にあてはまることばを書《か》きましょう。

れい

わあ、長《なが》いね。

ぞうのはなは、長《なが》い。

① 水をのむんだね。

（　　）は、（　　）をつかって、（　　）をのみます。

② りんごもつかめるんだ。

（　　）は、（　　）で、（　　）を（　　）ことができます。

2 どうぶつ園《えん》のことを、お父《とう》さんに聞《き》いています。
つぎの絵《え》と話《はな》しことばが文になるように（　）にあてはまることばを書《か》きましょう。

①
ぞうのせわをする人がいるんだね。

（　）の、（　）を
（　）います。

②
しいくいんっていうよ。どうぶつのせわをする人なんだ。

ふーん

どうぶつのせわをする人を、
（　）
といいます。

③
どうぶつ園《えん》には、どうぶつのおいしゃさんもいるんだよ。「じゅうい」っていうんだ。

どうぶつ園《えん》には、
（　）という、
どうぶつの
（　）
もいます。

ステップ

4

一文を作《つく》る（4）

どんな人がいる？

学しゅうした日

月　　日

つぎの絵《え》を見て、だれがどんなようすであるか、左のひょうにあてはまるように答《こた》えましょう。

どんなようすの人が｜何《なに》をしている

①（　　　　）をかぶった男の人が（　　　　）をしている。

②

③

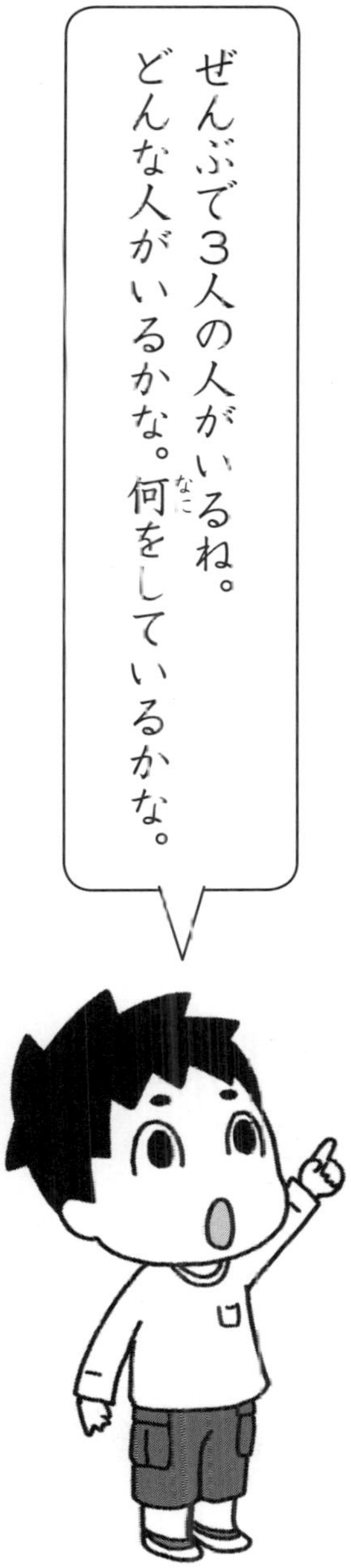
ぜんぶで３人の人がいるね。どんな人がいるかな。何《なに》をしているかな。

ステップ 4

図《ず》を文にまとめよう

一文を作る《つく》 (5)

学しゅうした日　月　日

1 上のひょうとグラフを見て、わかることをはっぴょうします。すきな人がいちばん多《おお》いスポーツは何《なに》か、文に書《か》きましょう。

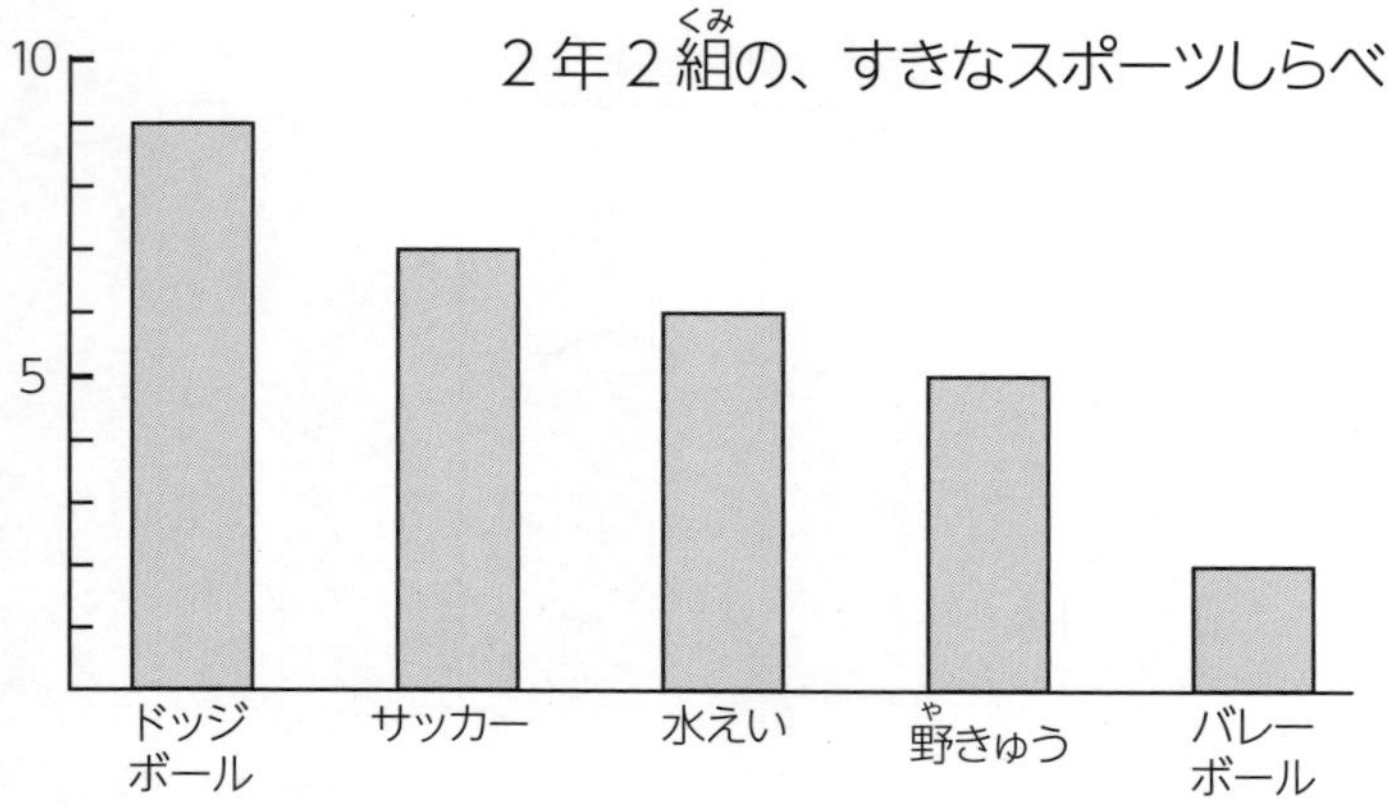
2年2組《くみ》の、すきなスポーツしらべ
10
5
ドッジボール
サッカー
水えい
野《や》きゅう
バレーボール

サッカー	野《や》きゅう	ドッジボール	水えい	バレーボール
7	5	9	6	2

わたしのクラスで、

すきな人がいちばん多《おお》いスポーツは

です。

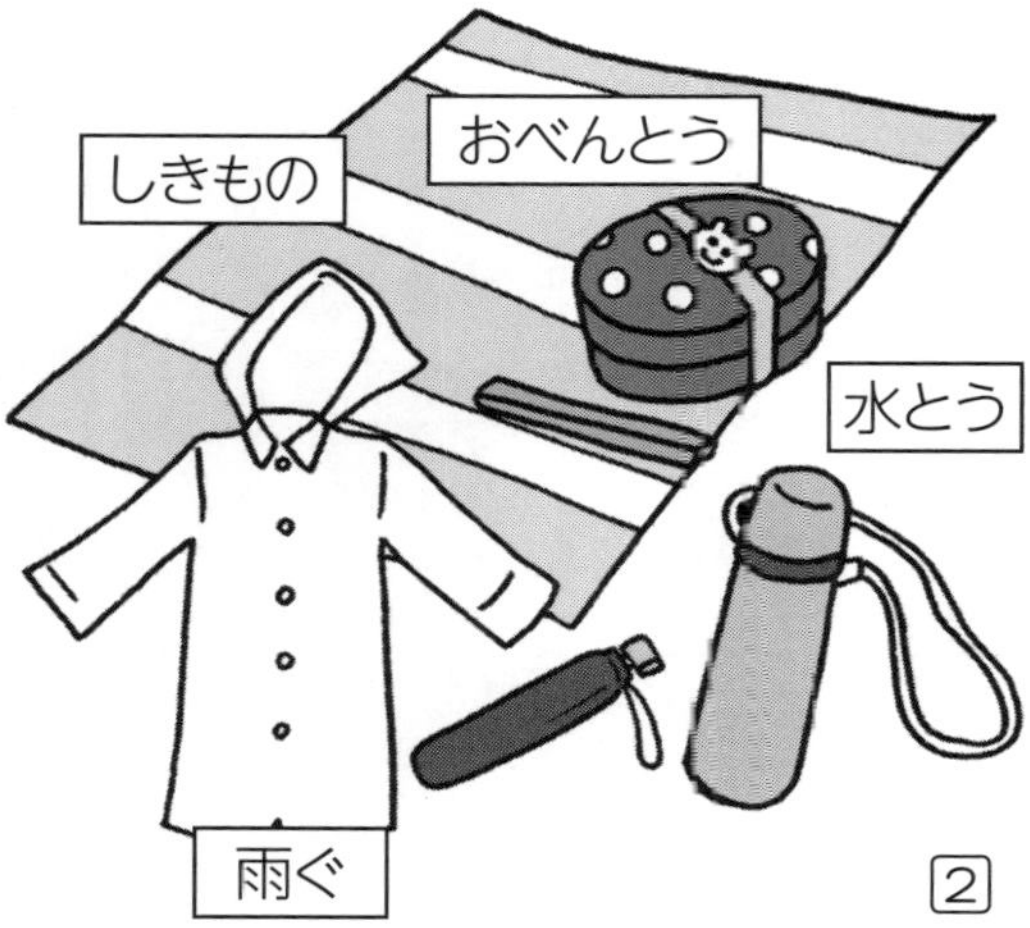

2 子ども会《かい》でハイキングに出かけます。上の絵《え》を見て、もちものを友《とも》だちにつたえるための文を書《か》きましょう。

ハイキングのもちものは、

しきものと　　　と、　　　と、

　　　です。

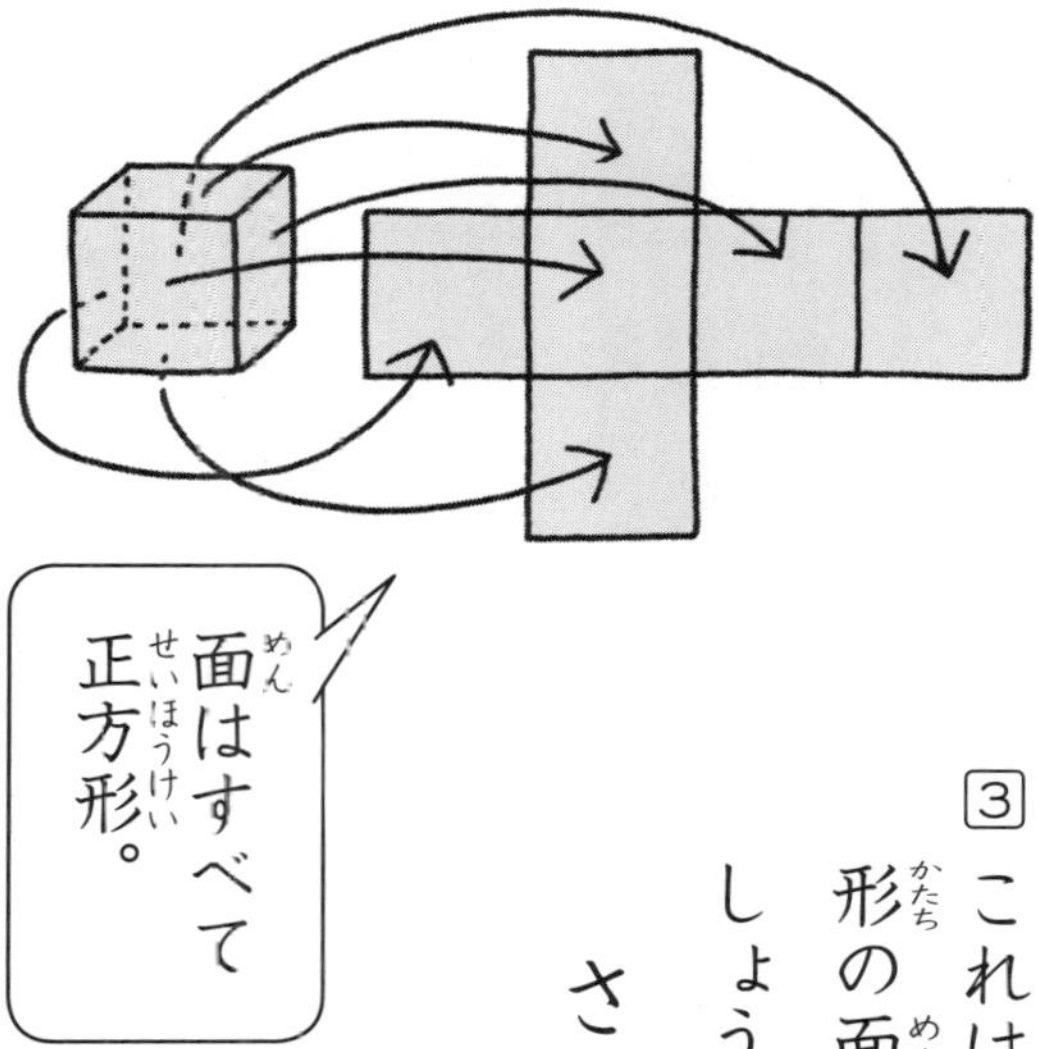

3 これは、さいころの形《かたち》をしたはこを、ひらいた図《ず》です。さいころの形《かたち》の面《めん》は何《なん》こで、どんな形《かたち》をしているか、せつめいする文を書《か》きましょう。

さいころの形《かたち》には、

　　　です。

ステップ 5

⇓ 絵《え》を見て答《こた》えよう（1）

マンガを文しょうにしよう

学しゅうした日　　月　　日

つぎのまんがを文しょうにします。（　　）にことばを書《か》きましょう。

※ならっていないかん字は、ひらがなで書《か》いてもかまいません。

①ドラえもんが、（　　　　　　）をとり出しました。

②地面《じめん》にあなをほり、それを（　　　　　）。

③すると、すぐに（　　　）が出ました。
のび太《た》くんは「あっ、早い。」とおどろきました。

④めに（　　　）をかけると…

⑤ジャック豆《まめ》は、（　　　　　）と大きくなりました。

⑥
すごい。あっという間《ま》にのびた。
⑦
雲《くも》まで登《のぼ》ろう。
⑧
よいしょよいしょ。

ドラえもん カラー作品集1巻「ジャック豆」より

⑥豆《まめ》の木はあっという間《ま》に（　　　）て、二かいのやねより高《たか》くなりました。

⑦（　　　）は、（　　　）まで（　　　）として、木にとびつきました。

⑧ドラえもんとのび太《た》くんは、どんどんのぼりました。

〈〈〈 答えは「別冊」の22ページに！

ステップ
5
絵《え》を見て答《こた》えよう（2）
間《あいだ》の文を考《かんが》えよう

学しゅうした日　　月　　日

絵《え》を見て、①と③の間《あいだ》にあてはまるように、②の文を考《かんが》えて書《か》きましょう。

れい

①おじさんに、つりにつれて行《い》ってもらいました。

②わたしは、いちばん大きなえさをつけました。

③すると、びっくりするほど大きな魚《さかな》がつれました。

1

①先週《せんしゅう》、ひまわりのたねをうえました。

②

③いつまでたっても、めが出ませんでした。

①の文につづくように、②に入る文を考《かんが》えてね。

2

①犬をつれて、さん歩《ぽ》に出かけました。

②

③すぐに帰《かえ》ってきてしまいました。

3

①わたしは15さつの絵本をもっています。

②

③お気に入りの3さつだけになりました。

ステップ 5

つながる文を考《かんが》えよう

⇓絵《え》を見て答《こた》えよう（3）

学しゅうした日　月　日

絵《え》を見て、①と②につづく③の文を考《かんが》えて書《か》きましょう。

れい

①おじさんと、海《うみ》につりに行《い》きました。

←

②なみが高《たか》くて、一ぴきもつれませんでした。

←

③帰《かえ》りに魚《さかな》をたくさん買《か》って帰《かえ》りました。

1

①お母《かあ》さんに切手《きって》をもらいました。

←

②せっかくなので、だれかに手紙《てがみ》を書《か》こうと思《おも》いました。

←

③

2

①スーパーマーケットで野《や》さいのやす売《う》りをしていました。

②お母《かあ》さんはキャベツをたくさん買《か》いました。

③

3

①学校から、パン工場《こうじょう》の見学に行《い》きました。

②中に入ると、とてもいいにおいがしました。

③

ステップ

5

絵《え》を見て答《こた》えよう（4）

どれだけ時《じ》間《かん》がかかるかな？

学しゅうした日

月　日

かぞくで水ぞくかんに出かけました。これは、家《いえ》を出てから午《ご》後《ご》2時《じ》までのできごとを絵《え》にあらわしたものです。

家《いえ》を出る

イルカショー

水ぞくかんにつく。

昼《ひる》ごはんを食《た》べる。

ショーの会場《かいじょう》につく。

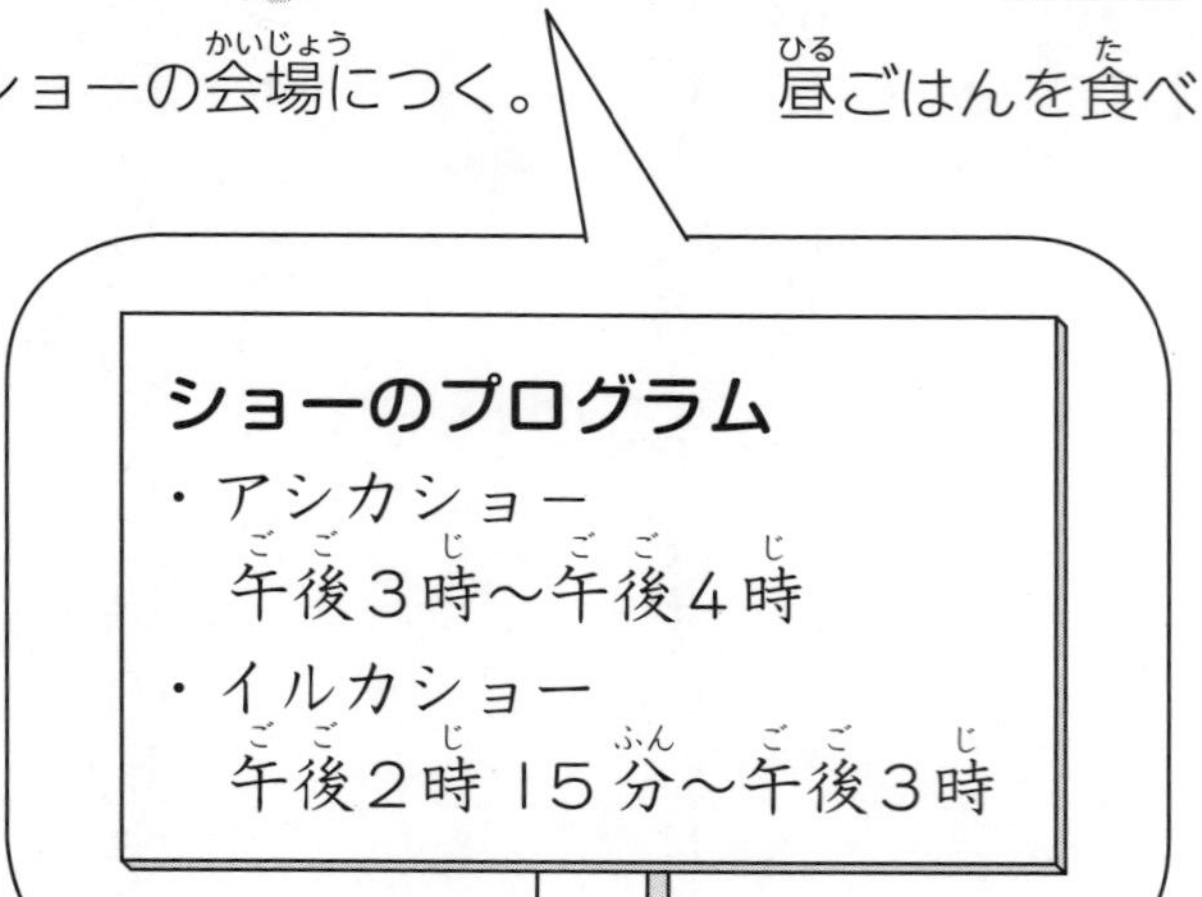
ショーのプログラム
・アシカショー
午後《ごご》３時《じ》～午後《ごご》４時《じ》
・イルカショー
午後《ごご》２時《じ》１５分《ふん》～午後《ごご》３時《じ》

午後《ごご》5時《じ》には家《いえ》に帰《かえ》ろうと思《おも》います。イルカショーとアシカショーのどちらを見るとよいですか。また、それはなぜでしょう。理《り》ゆうをつづけて書《か》きましょう。

ショーの名前《なまえ》

理《り》ゆう

家《いえ》から水ぞくかんまで1時間《じかん》30分《ぷん》かかります。アシカショーは、

ステップ

5

五百円のはらいかた

絵《え》を見て答《こた》えよう（5）

学しゅうした日

月　日

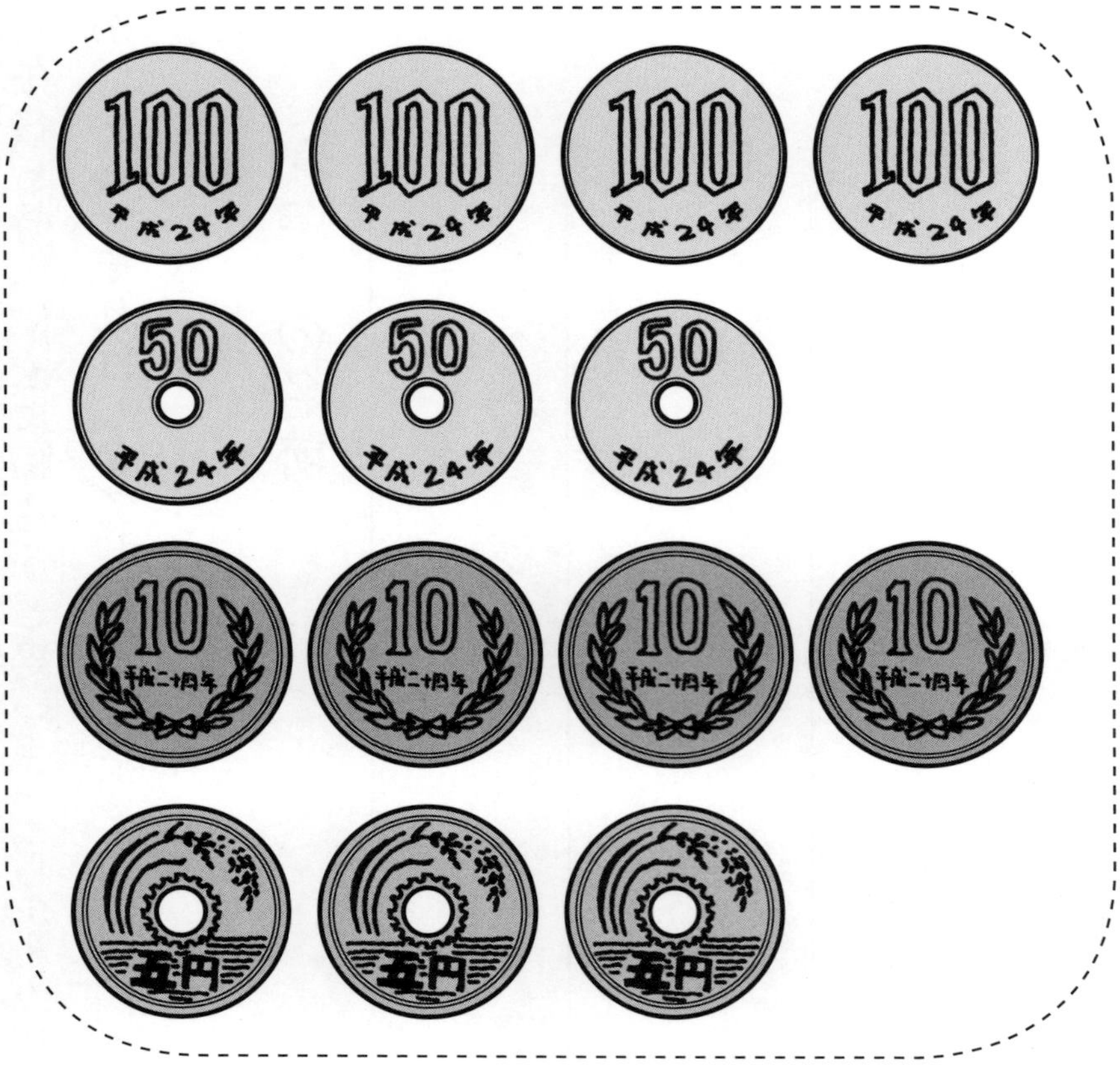

百円玉、五十円玉、十円玉、五円玉の4しゅるいのお金が、絵《え》の数《かず》ずつあります。

どのしゅるいのお金も、かならず一まいはつかって五百円にするには、どのお金を、何《なん》まいずつつかえばよいでしょう。

左ページの（　　）に、あてはまることばや数《かず》を書《か》いてもとめましょう。

①（　　　　　　　　　　）もかならず1まいはつかうので、まずは4しゅるいのお金が1まいずつあるときの合計《ごうけい》をもとめます。

100円＋50円＋10円＋5円＝（　　　　）円です。

②500円から165円を（　　　）と335円なので、のこったお金をつかって（　　　）円になる方《ほう》ほうを考《かんが》えます。

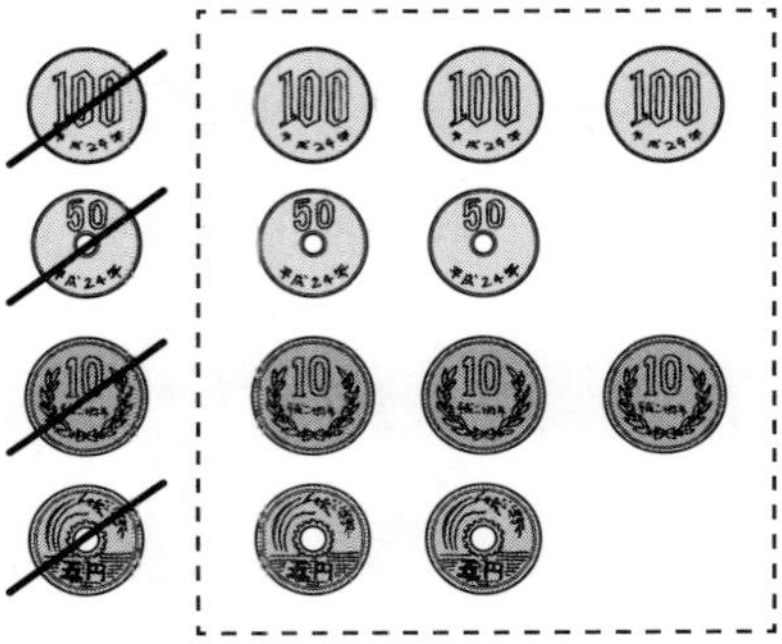

③（　　　　　）が3まいで300円、（　　　　　　）が3まいで（　　　）円、（　　　　　）が1まいで5円。

300円＋30円＋5円＝（　　　）円です。

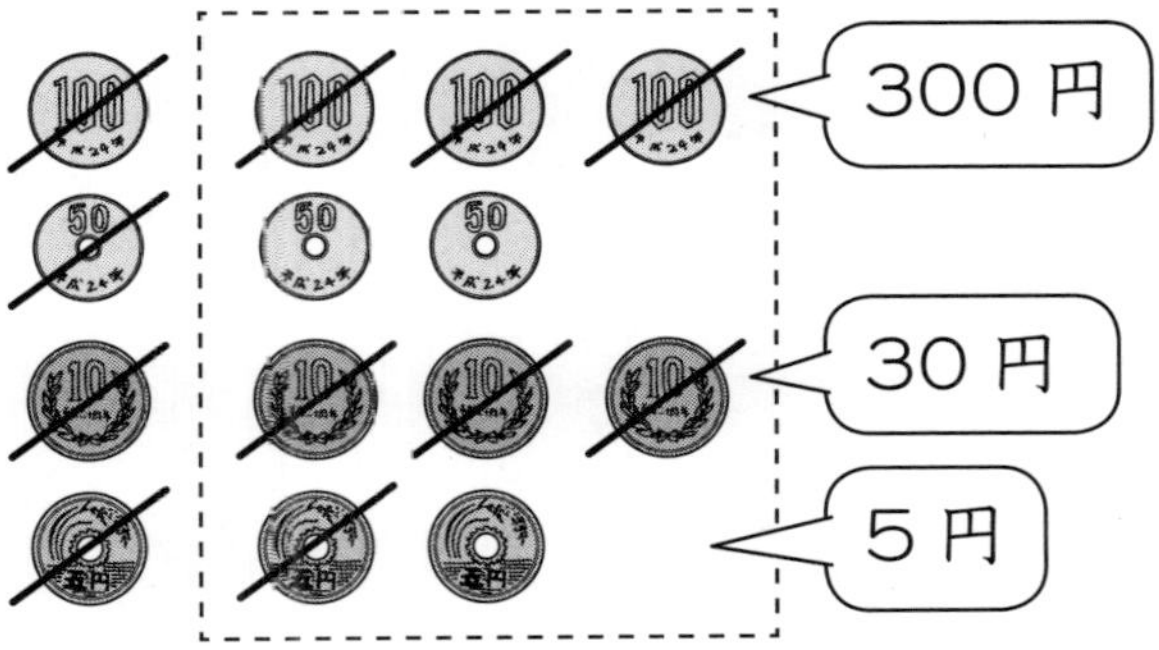

④上のようにつかうと、4しゅるいのお金をどれも1まいはつかって、五百円にすることができます。

つかうお金は、百円玉が（　）まい、五十円玉が（　）まい、十円玉が（　）まい、五円玉が（　）まいです。

ステップ 6

⇓ 気もちを考《かんが》えよう（1）

気もちをあらわすことば

学しゅうした日

月　日

今日《きょう》はうんどう会《かい》です。カズマくんとリサちゃんは、50メートル走《そう》に出ました。

スタートでつまずいたカズマくんでしたが、ぐんぐんみんなをおいぬいて、いちばんにゴールしました。カズマくんはうれしそうに「やった！」とさけんで、1とうのはたのところにかけていきました。

右の文の中で、カズマくんの気もちをあらわしていることばを書《か》きましょう。

ろんりポイント

人の気もちをあらわすことばがあります。
・楽《たの》しい　・くやしい　・さみしい　など
文しょうを読《よ》むときは、その人がどんな気もちかを考《かんが》えましょう。

つぎの文しょうを読《よ》んで、あとのもんだいに答《こた》えましょう。

①

む中になってすな場《ば》で山をつくっているうちに、日がくれてきました。まわりを見ると、公園《こうえん》にはもうだれもいません。シャベルをうごかす手を止《と》めると、たくやくんはきゅうにさみしくなりました。

たくやくんの気もちをあらわすことばを書《か》きましょう。

②

今日《きょう》の体《たい》いくの時間《じかん》は、50メートル走《そう》のきろくをはかることになっていた。わたしは走《はし》るのがにが手だから、前《まえ》の日からいやでいやでしかたがなかった。

わたしの気もちをあらわすことばを書《か》きましょう。

ステップ 6

気もちを考《かんが》えよう（2）

ようすから気もちを考《かんが》える

学しゅうした日　月　日

うんどう会《かい》のつぎのしゅもくは玉入れです。リサちゃんのいる赤組《あかぐみ》が、カズマくんたちの白組《しろぐみ》にかちました。

みんなは赤組《あかぐみ》と白組《しろぐみ》に分《わ》かれ、どんどん玉をなげました。

きょうぎがおわり、入った玉の数《かず》を数《かぞ》えます。赤《あか》組《ぐみ》のほうが、一つだけ多《おお》く入っていました。

リサちゃんは、「ばんざい！」と声《こえ》を上げながらとびはねました。

右の文の中で、リサちゃんの気もちは、どんなようすからもわかりますか。

（　　　　　　　）ようす。

ろんりポイント

ようす（うごき）から、その人がどんな気もちなのか、わかることがあります。

・とぼとぼ歩《ある》く　・目をきらきらかがやかせるなど。

つぎの文しょうを読《よ》んで、あとのもんだいに答《こた》えましょう。

①

とつぜん、目の前《まえ》にくまのように大きな犬があらわれて、ううとうなりました。たび人はおそろしくてがたがたふるえ、声《こえ》を出すこともできません。

たび人が、おそろしいと思《おも》っているのは、どんなようすからもわかるでしょう。

（　　　　　）ようすからもわかる。

②

だれもいないと思《おも》っていた図書《としょ》しつで、きゅうにうしろから自分《じぶん》の名前《なまえ》がよばれた。わたしはおどろいて、とび上がりそうになった。

わたしの気もちがわかるようすを書《か》きましょう。

（　　　　　）ようすからもわかる。

ステップ 6

⇓ 気もちを考《かんが》えよう（3）

気もちの理《り》ゆう

おべんとうの時間《じかん》です。リサちゃんがつつみをひらくと、大すきないちごがたくさん入ったいれものがありました。

おべんとうの時間《じかん》になりました。つつみをひらくと、おべんとうのほかに、べつのいれものがあります。何《なん》だろうと思《おも》ってあけてみると、大すきないちごがたくさんならんでいました。リサちゃんは大よろこびで、さっそくひとつ口に入れました。

右の文で、リサちゃんがよろこんだのは、なぜですか。理《り》ゆうを書《か》きましょう。

（　　　　　　　　　　　　）から。

なぜ、その人がそんな気もちになったのか、理《り》ゆうを考《かんが》えてみましょう。

学しゅうした日　月　日

つぎの文しょうを読《よ》んで、あとのもんだいに答《こた》えましょう。

①

かわいいぼうやの手にしもやけができてはかわいそうだから、夜《よる》になったら、町まで行《い》って、ぼうやのお手々にあうような毛糸《けいと》の手ぶくろを買《か》ってやろうと思《おも》いました。
（新美南吉『手ぶくろを買いに』より）

どのようになると、かわいそうだと思《おも》ったのでしょう。

かわいそう。

②

お母《かあ》さんぎつねは、心配《しんぱい》しながら、ぼうやのきつねの帰《かえ》って来《く》るのを、今《いま》か今《いま》かとふるえながらまっていましたので、ぼうやが来《く》ると、あたたかいむねにだきしめてなきたいほどよろこびました。
（新美南吉『手ぶくろを買いに』より）

ぼうやのきつねが来《き》て、お母《かあ》さんぎつねがよろこんだのはなぜでしょう。

お母《かあ》さんぎつねは、心《しん》ぱいしながら、
（　　　　）帰《かえ》って来《く》るのを、
今《いま》か今《いま》かとふるえながら（　　　　）
から。

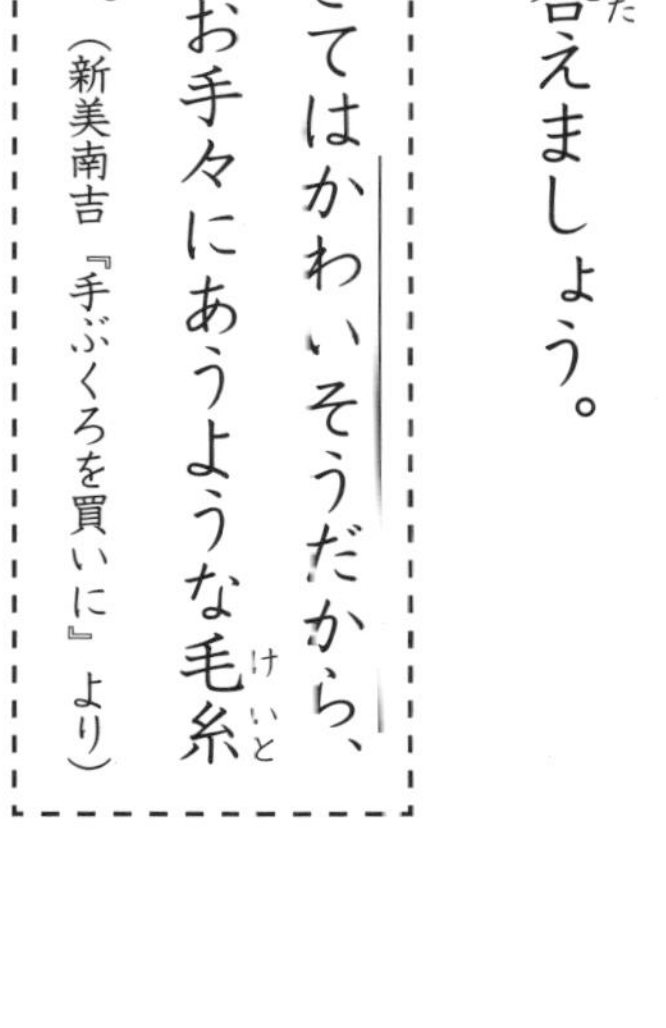

ステップ

6

気もちを考《かんが》えよう（4）

気もちを読《よ》みとる（1）

学しゅうした日

月　日

つぎの文しょうを読《よ》んで、あとのもんだいに答《こた》えましょう。

そこでさるは花火というものが、どんなに大きな音をしてとび出すか、そしてどんなにうつくしく空にひろがるか、みんなに話《はな》して聞《き》かせました。そんなにうつくしいものなら見たいものだと①みんなは思《おも》いました。

「それなら、今《こん》ばん山のてっぺんに行《い》ってあそこで②うち上げて見よう」とさるがいいました。みんなは大へんよろこびました。夜《よる》の空に星《ほし》をふりまくようにぱあっとひろがる花火を目にうかべてみんなはうっとりしました。

さて夜《よる》になりました。みんなはむねをおどらせて山のてっぺんにやって行《い》きました。さるはもう赤いろうそくを木のえだにくくりつけてみんなの来《く》るのをまっていました。

（新美南吉『赤いろうそく』より）

①みんなはどのように思《おも》いましたか。

②さるがうち上げて見ようと言《い》ったっ、みんなはどんなようすでしたたな。

ステップ 6

⇓気もちを考《かんが》えよう（5）

気もちを読《よ》みとる（2）

つぎの文しょうを読《よ》んで、あとのもんだいに答《こた》えましょう。

まったく、豆太《まめた》ほど①おくびょうなやつはない。もう五つにもなったんだから、夜中《よなか》に、一人で※せっちんぐらいに行《い》けたっていい。

ところが、豆太《まめた》は、せっちんは表《おもて》にあるし、表《おもて》には大きなモチモチの木がつっ立っていて、空いっぱいのかみの毛《け》をバサバサとふるって、りょう手を「わあっ。」とあげるからって、夜中《よなか》には、じさまについてってもらわないと、一人じゃしょうべんもできないのだ。

じさまは、ぐっすりねむっているま夜中《よなか》に、豆太《まめた》が「じさまぁ。」って、どんなに小さい声でいっても、「しょんべんか。」と、すぐ目をさまして

※ならっていないかん字は、ひらがなで書《か》いてもかまいません。

くれる。いっしょにねている一まいしかないふとんを、ぬらされちまうよりいいからなあ。

それに、とうげのりょうし小屋《ごや》に、自分《じぶん》とたった二人でくらしている豆太《まめた》が、②かわいそうで、かわいかったからだろう。

（斎藤隆介『モチモチの木』より）

※せっちん…トイレのこと。

①どのようなことから、おくびょうであることがわかりますか。

②じさまが、豆太《まめた》をかわいそうで、かわいく思《おも》うのはなぜですか。

出口汪（でぐち・ひろし）

1955年、東京都生まれ。30年以上にわたって受験生の熱い支持を受ける大学受験現代文の元祖カリスマ講師。全国の学校・塾で採用され、目覚ましい効果を挙げている言語トレーニングプログラム「論理エンジン」の開発者として、その解説と普及に努めている。

論理エンジン ▶ https://ronri.jp

▶STAFF◀

イラスト ◎ 設樂みな子
表紙デザイン ◎ 与儀勝美
構成協力 ◎ 小倉宏一（ブックマーク）
　　　　　石川享（タップハウス）
編集協力 ◎ いしびききょうこ（ニコワークス）
　　　　　高橋沙紀／葛原武史・和西智哉（カラビナ）
フォーマット作成 ◎ 武井千鶴・カラビナ
本文DTP ◎ タップハウス
編集 ◎ 堀井寧（小学館）

出口汪の日本語論理トレーニング 小学二年 基礎編

2012年11月25日　第1版第 1 刷発行
2025年 5 月14日　　　　第12刷発行

著　者 ● 出口 汪
発行人 ● 北川 吉隆
発行所 ● 株式会社 小学館
　〒101-8001　東京都千代田区一ツ橋 2-3-1
電　話 ● 編集（03）3230-5689
　販売（03）5281-3555
印刷所 ● 三晃印刷株式会社
製本所 ● 株式会社難波製本

ISBN978-4-09-837730-5

出《で》口《ぐち》 汪《ひろし》の
日本語論理
トレーニング 基礎編

論理エンジンJr.《ジュニア》 2年

答えと
くわしい考え方

出口 汪＝著

小学館

論理エンジンJr.《ジュニア》 2年

答えとくわしい考え方

―― 答えとくわしい考え方の使い方 ――

・ここには本文の解答と、それに対するくわしい考え方が記されています。
・上段には本文ページを縮小したものが、淡いグレーで表示されています。その中で、解答だけが濃い黒で表示されています。
・下段には上段のページのくわしい考え方が記されています。
・論理エンジンは正解率を競う教材ではありません。言葉のとらえ方、考え方をトレーニングするためのものですので、正解した場合でも下段をよく読んでください。
・不正解の場合も、自信を失う必要はありません。下段の考え方を参考に、納得できるまで練習してください。

小学館

▶4～5ページの答え

2年 ステップ1 ⇒ 主語と述語

ステップ1

⇒主語《しゅご》と述語《じゅつご》(1)

だれが、なにが (1)

学しゅうした日　月　日

みんなといっしょにべんきょうをはじめる友《とも》だちをしょうかいします。

「ぼくは」「なにが」ということばがあると、聞《き》いた人《ひと》もわかりますね。じこしょうかいのときは、名前《なまえ》も言《い》いましょう。

・ぼくは、カズマです。
・ぼくは、サッカーをならっています。
・サッカーがとてもすきです。

だれがしていますか。あてはまることばを□に書《か》きましょう。

① カズマが　ボールをけりました。

② リサが　本を読《よ》んでいます。

4

5 <<< 答えは「別冊」の2ページに！

⇐くわしい考え方⇐

私たちは言葉を何となく使いがちです。ところが、「何となく」といった使い方をいくらし続けたところで、言葉で考える力が養成されることはありません。

そこで、言葉を使い始めたころから、言葉を意識的に扱う訓練をしていきます。

文章は要点となる大切なものと、それを説明する部分とで成り立っています。一文においては、要点となるものはまず主語と述語です。

まず「主語」を意識しましょう。

主語になれる言葉となれない言葉とがあります。まずそれを意識しましょう。

文法的には主語となる言葉を体言といい、それは名詞・代名詞しかありませんが、今の段階では文法的事項を意識する必要はありません。実際、小学高学年になったときに、自分が知らず知らず学習したことが、いかに正確に文法の規則に従っていたかを実感できることでしょう。

①述語を意識します。「けりました」のはだれなのかというと、「カズマが」が答え。

②「読んでいます」のはだれなのかというと、「リサが」が答え。

▶6～7ページの答え

2年 ステップ 主語と述語

ステップ 1 主語《しゅご》と述語《じゅつご》（2）

だれが、なにが（2）

今日《きょう》は、図工《ずこう》の時間《じかん》に風車《かざぐるま》を作《つく》りました。□にあてはまることばを書《か》きましょう。

作《つく》り方《かた》を教《おし》えてくれました。

だれが教《おし》えてくれましたか。

先生が 作《つく》り方《かた》を教《おし》えてくれました。

作《つく》り方《かた》を教《おし》えてもらいました。

教《おし》えてもらったのはだれですか。

ぼくは（カズマは） 先生に作《つく》り方《かた》を教《おし》えてもらいました。

ろんりポイント

「先生《せんせい》が」や「ぼくは」のようなことばを主語《しゅご》といいます。

主語《しゅご》には「だれが（だれは）」や「何《なに》が（何《なに》は）」などがあります。

・お母《かあ》さんが サンドイッチを作《つく》っています。

・このたてものが 体《たい》いくかんです。

学しゅうした日 月 日

6

今日《きょう》のできごとを、日記《にっき》に書《か》きます。（　）に だれが、なにがのことばを書《か》きましょう。

今日《きょう》は図工《ずこう》の時間《じかん》に、ストローとぎゅうにゅうパックをつかって風車《かざぐるま》を作《つく》りました。

手にもって走《はし》ると、①（**風車は**）いきおいよく回《まわ》りました。

家《いえ》にもって帰《かえ》ると、②（**お母さんが**）「色《いろ》をぬって回《まわ》してごらん」と言いました。

③（**妹が**）クレヨンで色《いろ》をぬりました。

回《まわ》してみると、きれいなもようが見えました。

7　答えは「別冊」の３ページに！

くわしい考え方

「だれが」「何が」をいつも意識します。

小学二年生では、最初から「主語」という言葉を使います。では、「主語」を定義しましょう。「だれが」「何が」にあたる言葉が主語です。ただし、主語は省略されることがあるので、注意します。

①「回りました」の主語（何が）は、「風車は」。

②「言いました」の主語（だれが）は、「お母さんが」。

③「ぬりました」の主語は、「妹が」。

主語になれる言葉と、主語になれない言葉とがあります。「私」は主語になれますが、「言う」は主語にはなれません。主語になれる言葉を体言といい、実は名詞・代名詞しか体言はありません（まだ文法的な話は子どもにしなくてもかまいません）。

▶ 8～9ページの答え

2年 ステップ1 主語と述語

ステップ 1

主語《しゅご》と述語《じゅつご》（3）

どうした、どんなだ、何《なん》だ（1）

学しゅうした日 月 日

こんどの日曜日《にちようび》には何《なに》をするのか、先生がみんなに聞《き》きました。

あ、サッカーのし合《あい》。

お母《かあ》さんとプラネタリウムに行《い》きます。

サッカーのし合《あい》がどうしたの？ 行《い》くの？ 見るの？

「サッカーのし合《あい》」だけでは、聞《き》いた人はわかりませんね。

・サッカーのし合《あい》を見ます。
・サッカーのし合《あい》に出ます。

など、いろいろ考《かんが》えられるからです。

ぼくは、こんどの日曜日《にちようび》にサッカーのし合《あい》に出ます。

文では、「どうする（どうした）」ということばが、とても大切《たいせつ》です。

8

カズマくんは、し合《あい》に出かけます。

これがユニフォーム。

ちょっと大きいな。

・これが、ぼくのユニフォームです。
・ぼくのユニフォームは少《すこ》し大きい。

文に書《か》くとこうだね。――を引《ひ》いたところを読《よ》むと「何《なん》だ」「どんなだ」がわかるよ。

絵《え》と、下の文を読《よ》んで、「どうした」「どんなだ」「何だ」を答《こた》えましょう。

①
今日《きょう》のお昼《ひる》ごはんはカレーライスです。

お昼《ひる》ごはんは何《なん》ですか。

カレーライスです。

②
ふじ山は、とても高《たか》い。

ふじ山は、どんな山ですか。

（とても）高い。

9 ｜ 〈〈〈 答えは「別冊」の４ページに！

くわしい考え方

今度は述語問題です。一文の要点となる言葉が主語と述語なので、まずこの二つを意識するようにしましょう。それだけでも文章の読み方が変わります。言葉を並列的に読むのではなく、文章の中の要点を線を引きながら読んでいくようになります。すると、どんな長い文章でも、早く正確に読むことができるようになるのです。

ここでは述語がなくては一文の意味が分からないことに注意。述語は文を作る上でなくてはならない要点なのです。

① 「お昼ごはんは」が主語で、「カレーライスです」が述語です。「AはBだ（です）」は一文の基本形で、この時「A＝B」といった「イコールの関係」が成り立ちます。

例 私は男だ。 「私」＝「男」

② 「ふじ山は」が主語で、「高い」が述語。ここでも、「ふじ山」＝「高い」といった関係が成り立ちます。

▶10〜11ページの答え

ステップ 1

⇓主語《しゅご》と述語《じゅつご》（4）

どうした、どんなだ、何《なん》だ（2）

学しゅうした日　月　日

カズマくんの家《いえ》のにわに、たんぽぽがさいていました。□にあてはまることばを書《か》きましょう。

「あ、たんぽぽの花！」

たんぽぽの花を、どうしましたか。

カズマは、たんぽぽの花を**見つけました**。

（見つけた）

「そうだ、たんぽぽの絵《え》！」

たんぽぽの絵《え》をどうするのですか。

たんぽぽの絵《え》を**かきます**。

（かく）

文のなかの、「どうした」「どんなだ」「何《なに》だ」にあたるぶぶんを述語《じゅつご》といいます。

・たんぽぽがさいています。

・カズマが、たんぽぽを見つけました。

ろんりポイント

「どうした」（ぼくは　走《はし》った。）

「どんなだ」（花が　きれいだ。）

「何《なに》だ」（わたしは　二年生だ。）

のように述語《じゅつご》を書《か》きましょう。

10

2年　ステップ1 ⇒ 主語と述語

今日《きょう》のできごとを、日記《にっき》に書《か》きます。（　）にあてはまる「どうした」のようなことばを書《か》きましょう。

にわにたんぽぽの花が①**（さいていました）**。

おばあちゃんが「花がかれたら、わた毛《げ》ができるよ」と②**（言いました）**。

わた毛《げ》にはたんぽぽのたねがついていて、それを風《かぜ》でとばすそうです。

ぼくはわた毛《げ》ができるまで、たんぽぽのかんさつをしようと③**（思います）**。

（した）

11　答えは「別冊」の5ページに！

くわしい考え方

述語を定義しましょう。

・「どうした」　ぼくは授業を受けた。

・「どんなだ」　この花はきれいだ。

・「何だ」　ぼくは男だ。

この三つが述語の基本です。述語になれる言葉と、なれない言葉とがあります。「この」「そして」「きっと」などは述語になれません。述語になれる言葉を用言と言います。

①「たんぽぽの花が」→「さいていました」

②「おばあちゃんが」→「言いました」

③「ぼくは」→「思います（思いました）」

このように主語と述語の関係から考えましょう。

▶12～13ページの答え

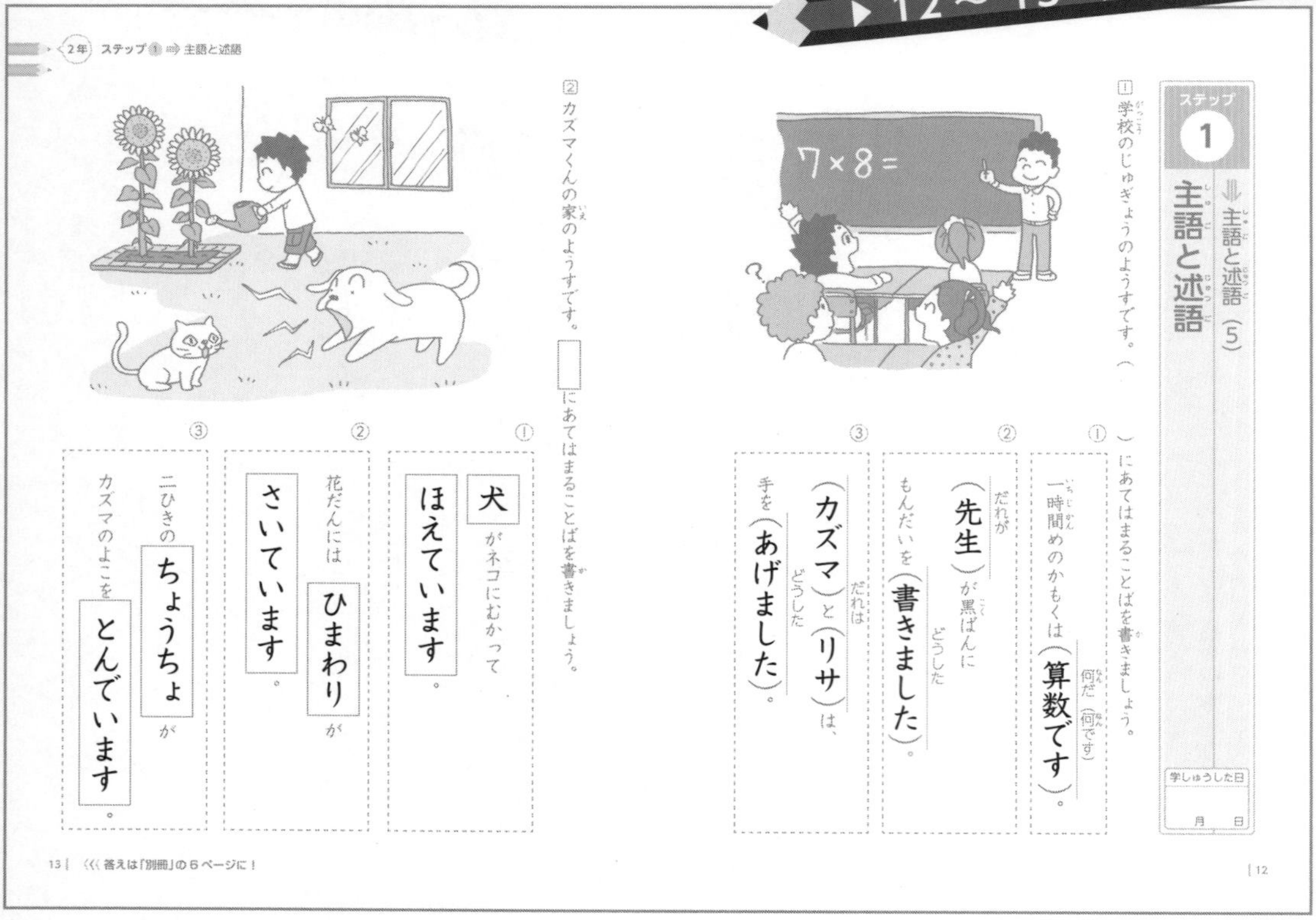

ステップ 1 ⇓主語《しゅご》と述語《じゅつご》（5）

主語《しゅご》と述語《じゅつご》

学しゅうした日　月　日

1 学校《がっこう》のじゅぎょうのようすです。（　）にあてはまることばを書《か》きましょう。

① 一時間《いちじかん》めのかもくは（算数です）。何《なん》だ（何《なん》です）

② （先生）が黒《こく》ばんにもんだいを（書きました）。だれが　どうした

③ （カズマ）と（リサ）は、手を（あげました）。だれは　どうした

12

2年　ステップ1 ⇒ 主語と述語

2 カズマくんの家《いえ》のようすです。□にあてはまることばを書《か》きましょう。

① 犬 がネコにむかって ほえています 。

② 花だんには ひまわり が さいています 。

③ 二ひきの ちょうちょ が カズマのよこを とんでいます 。

13　〈〈〈答えは「別冊」の6ページに！

くわしい考え方

一文で最も大切なのが主語と述語で、これを要点と言いました。あとは、それらを補ったり、説明したりする言葉がついて、一つの文ができあがっています。

今回は、主語と述語のまとめの問題です。

■問題1
①主語が「かもくは」、述語は「算数です」
②主語が「先生が」、述語は「書きました」（「出しました」）
③主語が「カズマとリサは」、述語は「(手を) あげました」

■問題2
①主語が「犬が」、述語は「ほえています」。
②主語は「ひまわりが」、述語は「さいています」。
③主語は「二ひきのちょうちょが」、述語が「とんでいます」。
　絵を観察して、正確な一文（主語と述語が対応している）を作ったかどうかが大切で、述語としてまちがっていなければ他の言葉でも正解です。

14～15ページの答え

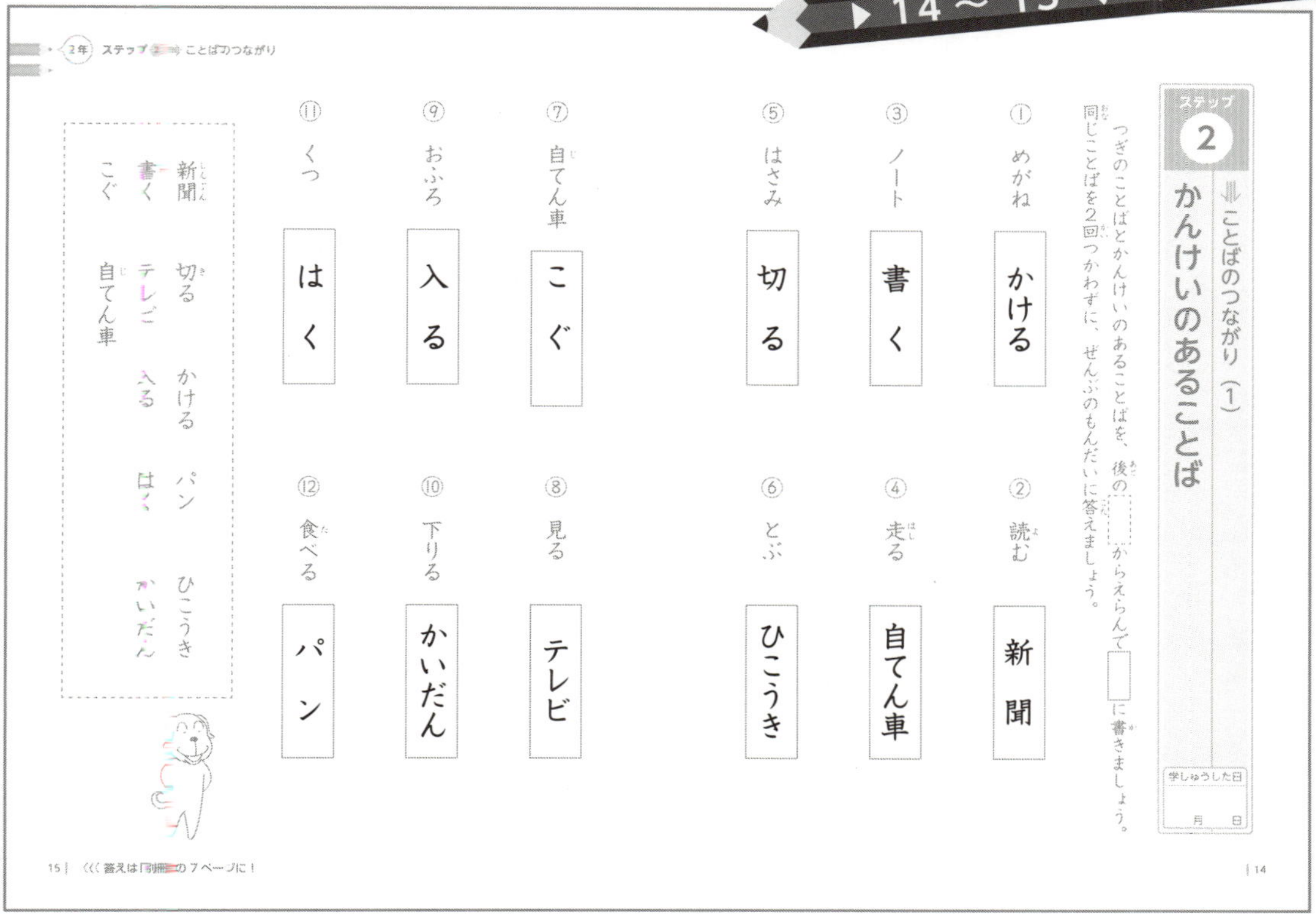

2年 ステップ2 ことばのつながり

ステップ2

ことばのつながり（1）

かんけいのあることば

学しゅうした日　月　日

つぎのことばとかんけいのあることばを、後《あと》の□からえらんで□に書《か》きましょう。同《おな》じことばを2回《かい》つかわずに、ぜんぶのもんだいに答《こた》えましょう。

① めがね　かける
② 読《よ》む　新聞
③ ノート　書く
④ 走《はし》る　自てん車
⑤ はさみ　切る
⑥ とぶ　ひこうき
⑦ 自《じ》てん車　こぐ
⑧ 見る　テレビ
⑨ おふろ　入る
⑩ 下りる　かいだん
⑪ くつ　はく
⑫ 食《た》べる　パン

新聞《しんぶん》　切《き》る　かける　パン　ひこうき
書く　テレビ　入る　はく　かいだん
こぐ　自《じ》てん車

14

15　くくく答えは「別冊」の7ページに！

くわしい考え方

ステップ1は「主語と述語の関係」、ステップ2は「言葉のつながり」です。実は、言葉のつながりは非常に大切な言葉の規則なのですが、論理エンジンJr.の小学校二年生で初めて登場します。

言葉は必ず他の言葉とつながっています。それが「言葉のつながり」ですが、ある言葉がどの言葉とつながるかは、決まっていることが多いのです。

まず選択肢を主語となる言葉と述語となる言葉に分けましょう。
主語となる言葉（体言）　新聞　パン　ひこうき　テレビ　かいだん　自てん車
述語となる言葉（用言）　切る　かける　書く　入る　はく　こぐ
次に、「主語となる言葉」と「述語となる言葉」との組み合わせを考えます。この時、どの言葉とどの言葉なら、つながることができるのかを意識しましょう。
たとえば、「めがね」を「書く」とは言いません。「めがね」は「かける」ものです。
このように言葉と言葉はつながって一文を作るのですが、どの言葉とでもつながるわけではありません。つながることができる言葉は限定されているのです。

▶16～17ページの答え

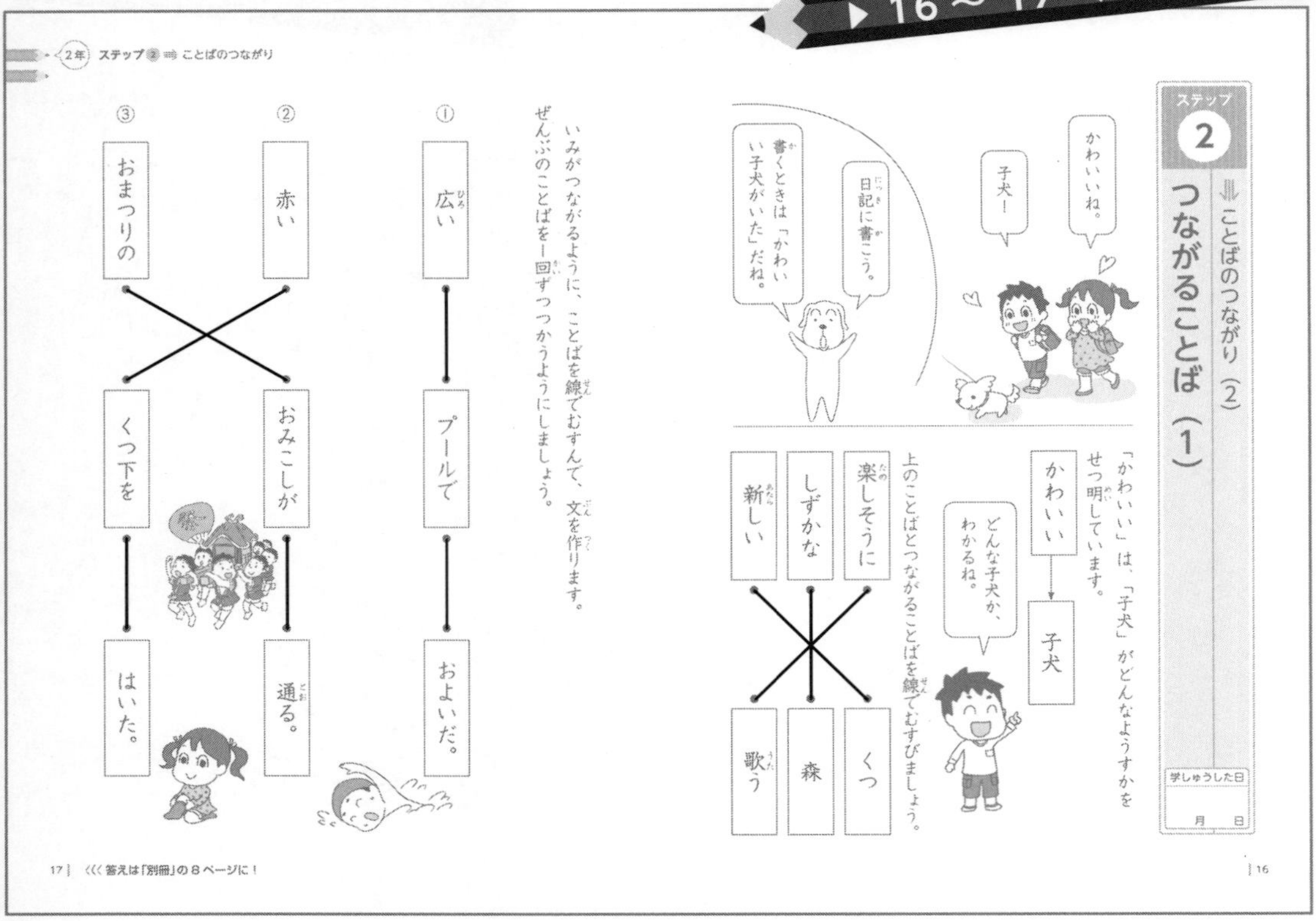

ステップ 2

ことばのつながり（2）

つながることば（1）

学しゅうした日　月　日

かわいいね。

子犬！

日記《にっき》に書《か》こう。

書《か》くときは「かわいい子犬がいた」だね。

「かわいい」は、「子犬」がどんなようすかをせつ明《めい》しています。

かわいい → 子犬

どんな子犬か、わかるね。

上のことばとつながることばを線《せん》でむすびましょう。

楽《たの》しそうに ― 歌《うた》う

しずかな ― 森

新《あたら》しい ― くつ

16

2年　ステップ2　ことばのつながり

いみがつながるように、ことばを線《せん》でむすんで、文《ぶん》を作《つく》ります。ぜんぶのことばを一回《かい》ずつつかうようにしましょう。

① 広《ひろ》い ― プールで ― およいだ。

② 赤い ― くつ下を ― はいた。

③ おまつりの ― おみこしが ― 通《とお》る。

17　くくく答えは「別冊」の８ページに！

くわしい考え方

「言葉のつながり」は、意味上のつながりです。「かわいい子犬」の「かわいい」は「子犬」を説明した言葉なので、「かわいい」と「子犬」はつながっています。

「主語と述語の関係」も、「言葉のつながり」の一つです。

① 「広い」は「プールで」を説明する言葉です。「プールで」は、どこで泳いだのか、「泳いだ」を説明する言葉です。

② 「赤い」は「くつ下を」説明する言葉で、「くつ下を」は何をはいたのか、「はいた」を説明する言葉です。

③ 「おまつりの」は、「おみこしが」を説明する言葉で、「おみこしが」と「通る」は主語と述語の関係です。

▶18～19ページの答え

ステップ 2

つながることば（2）

⇓ことばのつながり（3）

学しゅうした日　月　日

にわにさいた、花について話《はな》しています。

文に書《か》くと、つぎのようになります。

花が　さいた。

大きな　花が　さいた。

とても　大きな　花が　さいた。

とても　大きな　赤い　花が　さいた。

——のことばは、どのことばにつながっていますか。ことばを◯でかこみましょう。

れい　今日《きょう》は　よい　(天気なので、)　外《そと》で　あそぼう。

①青い　(セーターを)　きて　出かける。

②二年生の　(算数《さんすう》では、)　かけ算《ざん》を　ならいます。

③学校の　おく上から　高《たか》い　(山が)　よく　見えた。

④ふでばこには　四本の　(えんぴつが)　入っています。

くわしい考え方

一文がどのようにしてできあがっているのかを理解しましょう。

「花がさいた」…まず主語と述語があります。

「大きな花がさいた」…「花」を説明する「大きな」という言葉がつきました。

「とても大きな花がさいた」…今度は「大きな」を説明する「とても」という言葉がつきました。こうして、文はどんどん複雑なものになっていきます。

逆にいうと、文の一番大切な要素（要点）が主語と述語だと分かります。

「言葉のつながり」は、意味上のつながりです。

「とても大きな花」で、「とても」→「花」とは意味上つながりません。「とても」→「大きな」と意味の上でつながります。同じように「大きな」→「花」と意味上つながります。

「言葉のつながり」を考えるには、一つ一つの言葉の意味のつながりを考えなければなりません。

こうした作業をするうちに、自分の感覚で何となく文章を読むことから、言葉の持つ規則（論理性）に従って客観的に文章を読むようになっていきます（もちろん子どもはそれに無自覚ですが）。

①「青い」が説明しているのは「セーターを」です。

②「算数では」を説明しているのは「二年生の」です。

③「山が」を説明しているのは「高い」です。

④「えんぴつが」を説明しているのは「四本の」です。

▶20～21ページの答え

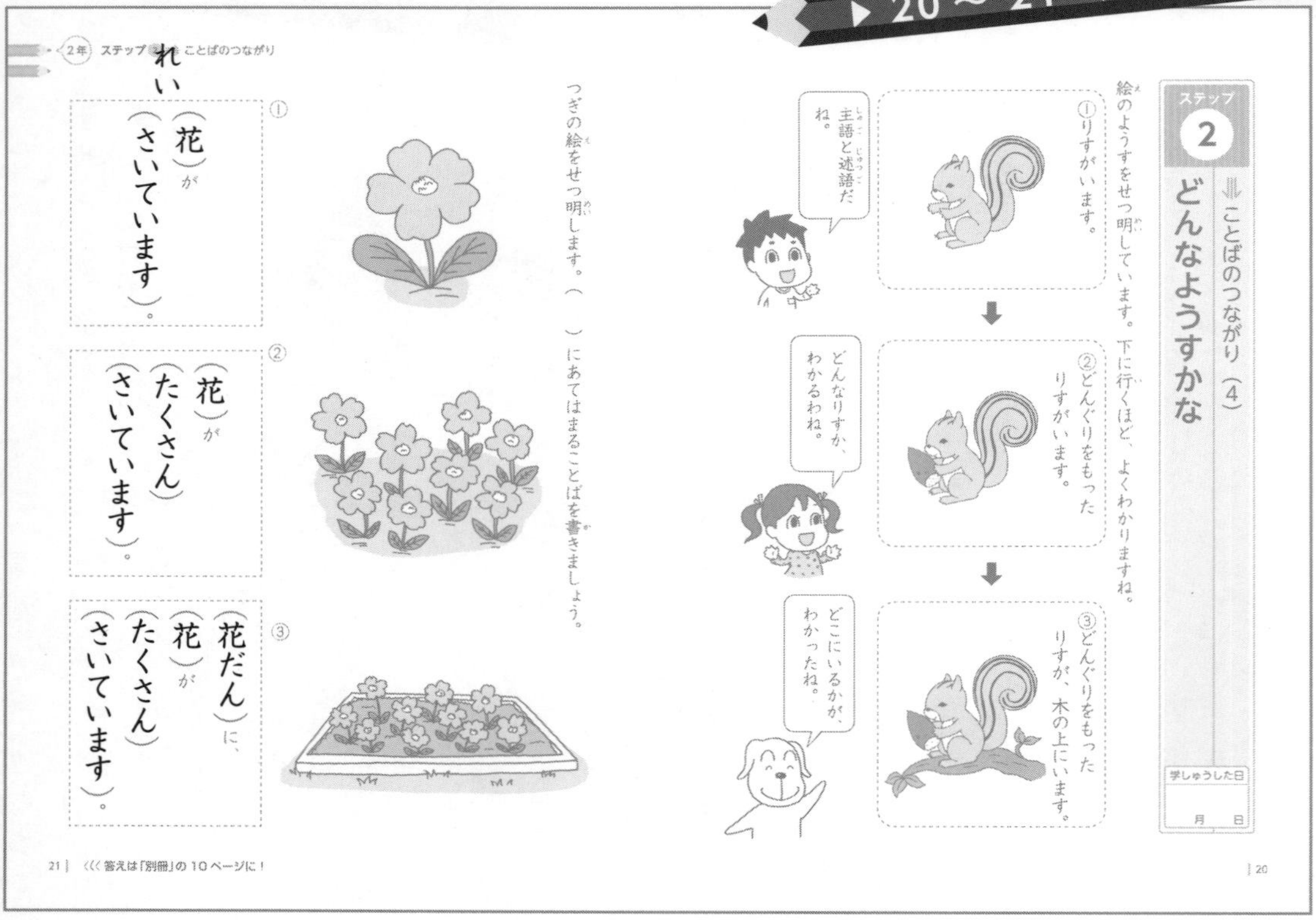
ステップ 2
⇓ことばのつながり（4）
どんなようすかな
学しゅうした日　月　日

絵《え》のようすをせつ明《めい》しています。下に行《い》くほど、よくわかりますね。

①りすがいます。

②どんぐりをもったりすがいます。

③どんぐりをもったりすが、木の上にいます。

つぎの絵《え》をせつ明《めい》します。（　　）にあてはまることばを書《か》きましょう。

れい

①（花）が（さいています）。

②（花）が（たくさん）（さいています）。

③（花だん）に、（花）が（たくさん）（さいています）。

くわしい考え方

さらに一文のでき方（構造）を理解する問題です。

例の①の文の、「りすがいます。」は主語と述語、つまり要点だけの文です。しかし、要点だけの文など実際にはほとんどありません。

そこで、「どんぐりを持った」と、「りすが」を説明する言葉が加わります。

次に、どこにいるのか、「木の上に」が「います」を説明します。

このようにどんどん正確な文となっていくのです。ただし、一文の要点は、主語と述語なのです。

問題の①は「花がさいています」が、主語と述語です。

②では「たくさん」という説明の言葉を、「さいています」にくわえます。

「たくさん」は「きれいに」などでも正解です。

③で場所を表す「花だんに」という説明の言葉を「さいています」にくわえます。

▶ 22 ～ 23 ページの答え

ステップ 2

ことばのつながり ⑸

ことばのやくわり

学しゅうした日　月　日

いつ、どこに行《い》くのかが、わかる文にして、つながることばに→をつけました。

5月20日に　水ぞくかんに　遠足《えんそく》に　行《い》きます。

「行《い》きます」につながることばを見てみましょう。いつ行《い》く、どこに行《い》く、何《なに》をしに行《い》く、のように、やくわりがあります。

つぎの文の中から、アとイにあたることばをえらんで書《か》きましょう。

ア　いつ（時間《じかん》）をあらわすことば

イ　どこ（場《ば》しょ）をあらわすことば

① 朝《あさ》9時《じ》に、うんどうじょうにあつまりました。

ア　朝9時に

イ　うんどうじょうに

② イルカのプールで、午後《ごご》1時《じ》からショーがあります。

ア　午後1時から

イ　イルカのプールで

③ 春《はる》になると、水ぞくかんにラッコがやってくるそうです。

ア　春になると

イ　水ぞくかんに

くわしい考え方

言葉は必ず他の言葉と意味の上でつながっていることが分かりましたね。では、次に、一つひとつの言葉の役割を考えてみましょう。

①「（私たちは）あつまりました」が、一文の要点。
「朝9時に」→「あつまりました」　時間を表す
「うんどうじょうに」→「あつまりました」　場所を表す

②「ショーがあります」が、一文の要点。
「午後1時から」→「あります」　時間を表す
「イルカのプールで」→「あります」　場所を表す

③「ラッコがやってくる」が、一文の要点。
「春になると」→「やってくる」　時間を表す
「水ぞくかんに」→「やってくる」　場所を表す

24～25ページの答え

ステップ 3

⇒ ことばをつなぐことば、形《かたち》のかわることば（1）

ことばとことばをつなごう

学しゅうした日　月　日

1 絵《え》に合《あ》う文にするには、［が］と［と］のどちらのカードをつかえばよいでしょう。正しいほうに○をつけましょう。

①

妹《いもうと》 ［が］ ［と］（○） 公園《こうえん》に行《い》きます。

②

妹《いもうと》 ［が］（○） ［と］ 公園《こうえん》に行《い》きます。

2 つぎの□にあてはまるひらがな一字を書《か》きましょう。

自《じ》てん車
- ［が］ ほしい。
- ［を］ 買《か》ってもらった。
- ［に］ のるれんしゅうをした。

3 □にあてはまるひらがな一字を書《か》いて、文をかんせいさせましょう。

① うんどう会《かい》［で］、二年生［は］（［が］）ダンス［と］50メートル走《そう》［に］出ます。

② てん校した友《とも》だち［に］（［へ］）、クラス［の］みんな［が］（［で］）手紙《てがみ》［を］書《か》いた。

③ 図書《としょ》しつ［で］かりた本［に］、むかし［の］ようす［が］書《か》いてあった。

④ むかし［の］さむらい［は］弓《ゆみ》［や］（［と］）刀《かたな》［を］もって、たたかったそうだ。

 ＜＜＜答えは「別冊」の12ページに！

くわしい考え方

ステップ3では、助詞と助動詞の使い方をトレーニングします。

実は、文章全体の単語の数の二、三割が助詞と助動詞です。

助詞は主に言葉と言葉をつなげる役割をし、助動詞は、否定形、過去形、受け身形など、重要な役割を果たしています。

こうした助詞・助動詞が正確に使いこなせないと、生涯にわたって苦労することになるので、今のうちにしっかりと身につけておきましょう。

では、助詞のトレーニングに入りましょう。

下に続く言葉によって、助詞が異なります。

小学二年生の間は、あまり難しい文法にこだわる必要はありません。高学年になると、一つひとつ学習しますので、今は正しい使い方に慣れることです。

(以下、助詞・助動詞や過去形、否定形などの言葉を使うのはあくまで保護者向けで、子どもたちにはその必要がありません。ふだん、自分がどのような言葉の使い方をしているのか、それを意識させるだけで十分です)

今の段階でどれだけ正確な使い方ができているのか、今回の問題を通してチェックしてください。

▶ 26 ～ 27 ページの答え

ステップ 3

つづけて書《か》こう

⇓ ことばをつなぐことば、形《かたち》のかわることば（2）

学しゅうした日　月　日

1 後《あと》の絵《え》のどれかに合《あ》うように、上と下を線《せん》でむすんで文を作《つく》りましょう。

① 妹《いもうと》 に ― あめをあげた。
② 妹《いもうと》 は ― おんぶした。
③ 妹《いもうと》 を ― 一年生です。

2 絵《え》に合《あ》うように、文のつづきを書きましょう。

① 電話 で 話す。
② 電話 を 切る。
③ 電話 が 鳴る。

3 つぎの3つの絵《え》をつないで文を作《つく》ります。□のことばを（　）に書《か》きましょう。□には、あてはまるひらがな一字を書《か》きましょう。

① バスガイドさん が、（バスの中）で（歌）を教えてくれました。

バスの中
歌

② さとう を（見つけた）（あり）が（ぎょうれつ）をつくっています。

あり
見つけた
ぎょうれつ

くわしい考え方

助詞は下に来る言葉をつなげる役割ですから、逆にいうと、助詞を見ただけで、次の言葉を推測することができます。

■問題1

「妹」の下にどの助詞が来るかで、下に続く言葉が限られてしまいます。

①「妹に」となると、「～した」という言葉が続くので、「あげた」となります。

②「妹は」となると、「～です」となるので、「一年生です」となります。

③「妹を」も「～した」となるのですが、もちろん、「妹をあげた」とはつながりません。「妹をおんぶした」が答えです。

■問題2

①②「電話で話す」というように、つながる言葉は自然と決められます。「電話を切る」「電話を取る」で、他の答えでも日本語としておかしくないなら○です。

③絵を見ると、あてはまるのは「電話が鳴る」です。

■問題3

①まず述語から主語を考えます。「教えてくれました」の主語は「バスガイドさんが」。後は「バスの中」「歌」を補います。何を教えてくれたのかというと、「歌を教えてくれた」、どこでかというと、「バスの中で」。その時、正確な助詞を使えたかどうかがポイントです。

②「ありがつくっています」が、主語と述語。あとは、説明の言葉をくわえますが、その時、助詞に注意しましょう。

何をつくっているかといえば、「ぎょうれつをつくっています。」。

「見つけた」のはさとうなので、「さとうを見つけた」と、「を」を使いましょう。

▶ 28 ～ 29 ページの答え

ステップ 3

絵《え》に合《あ》う文をえらぼう

ことばをつなぐことば、形《かたち》のかわることば（3）

学しゅうした日　月　日

おばけやしきに行《い》った友《とも》だちと話《はな》しています。

ことばには、形《かたち》がかわるものがあります。形《かたち》がかわると、いみもかわります。

ほかにも、こんな形《かたち》があります。

- 「行《い》くの」「行《い》きますか」……たずねるとき
- 「行《い》ってください」「行《い》ってほしい」……おねがいするとき
- 「行《い》くでしょう」「行《い》くだろう」……これからのことを言《い》うとき
- 「行《い》け」「行《い》きなさい」……めいれいするとき

28

上の絵《え》に合《あ》っている文の□に○を書《か》きましょう。

①
- □ 雨がふりました。
- ○ 雨がふるらしい。

②
- □ アイスクリームを食《た》べたい。
- ○ アイスクリームを食《た》べます。

③
- ○ 早く行《い》きなさい。
- □ 早く行《い》きたい。

④
- ○ すぐに帰《かえ》ってくるでしょう。
- □ すぐに帰《かえ》ってきますか。

29 答えは「別冊」の 14 ページに！

くわしい考え方

次は助動詞の使い方です。助詞と助動詞の大きな違いは形が変わる（活用する）かどうかです。助詞は形が変わることはありませんが、助動詞は下に来る言葉によって形が変わります。

例「たい」は希望を表す助動詞ですが、

「勉強したい」

「勉強したくない」

と、下に言葉が来ると形が変わります。

さらに助動詞は動詞などを助ける役割ですが、助動詞がつくと、上の動詞などの言葉の形も変わります。

以上、保護者向けの説明をしましたが、子どもたちには言葉の形が変わることだけ教えれば十分です。

①「た」がつくと、昔のことです（過去）。「らしい」がつくと、想像していることになります（推量）。

②「たい」がつくと、自分が願っていることです（希望）。「ます」は丁寧な言い方です。

③「なさい」は命令しています。「たい」は自分が願っていることです。

④「でしょう」がつくと、予想したことです（推量）。「か」がつくと、人に聞いています（疑問）。

30 〜 31 ページの答え

ステップ 3

⇓ことばをつなぐことば、形《かたち》のかわることば（4）

形《かたち》のちがいといみのちがい

学しゅうした日　月　日

1 「れい」のように、□にひらがなをあてはめて、絵《え》に合《あ》う文に書《か》きかえましょう。

れい

この本はおもしろい。⬇この本は、おもしろ〔そ〕〔う〕〔だ〕。

①

にもつをもつ。⬇にもつをもた〔せ〕〔る〕。

②

市《し》やくしょはここです。⬇市《し》やくしょはここです〔か〕。

③

野《や》きゅうを見に行《い》く。⬇野《や》きゅうを見に行《い》き〔た〕〔い〕。

2 文のはじめに合《あ》う、文のおわりをえらんで線《せん》でむすびましょう。

①わたしとお姉《ねえ》さんは、公園《こうえん》で ― あそびました。
②かぜをひいたので、今日《きょう》はいっしょに ― あそびません。
③友《とも》だちは、来週《らいしゅう》の日曜日《にちようび》に家《か》ぞくと川原《かわら》で ― あそぶらしい。

3 左の3つの文のうち、まだおきていないことを言《い》っているのはどれでしょう。

①さくらの花がさいたらしい。
②さくらの花がさきました。
③さくらの花がさくでしょう。

〔③〕

くわしい考え方

それぞれの助動詞の使い方を学びましょう。

■問題1
①せる…人に何かさせるとき
②か…人に聞くとき
③たい…自分が願っているとき

■問題2
確実なものから選んでいきます。
②の文は、「かぜをひいたので」と理由を表す言葉があるので、「遊びません」とつながります。
③の文は、「来週」と時間を表す言葉があるので、今のことではないと分かります。そこで、予想をする「あそぶらしい」が答え。
残った①の文は、「公園であそびました」で、昔のことになります。

■問題3
①「さいた」と、「た」があるから、現在すでにそうなっている状態を表す。
②「さきました」と、「た」があるから、現在すでにそうなっている状態を表す。
③「でしょう」とあるから、これから先のことで、これが答え。

ステップ 3

ことばをつなぐことば、形《かたち》のかわることば (5)

「ました」？「ません」？

つぎの文しょうの（　）に、「ました」か「ません」のどちらかを書《か》きましょう。

山から里《さと》の方《ほう》へあそびにいったさるが一本の赤いろうそくをひろい①（**ました**）。赤いろうそくはたくさんあるものではあり②（**ません**）。それでさるは赤いろうそくを花火だと思《おも》いこんでしまい③（**ました**）。

さるはひろった赤いろうそくを大じに山へもって帰《かえ》り④（**ました**）。

山では大へんなさわぎになり⑤（**ました**）。何《なに》しろ花火などというものは、しかにしても、※ししにしても、うさぎにしても、かめにしても、いたちにしても、たぬきにしても、きつねにしても、まだ一ども見たことがあり⑥（**ません**）。その花火をさるがひろって来《き》たというのであります。

「ほう、すばらしい」

「これは、すてきなものだ」

しかやししやうさぎやかめやいたちやたぬきやきつねがおしあいへしあいして赤いろうそくをのぞき⑦（**ました**）。するとさるが、

「あぶないあぶない。そんなに近《ちか》よってはいけない。ばくはつするから」といい⑧（**ました**）。

（新美南吉「赤いろうそく」より）

※しし…いのししのこと。

学しゅうした日　月　日

くわしい考え方

ここでも助動詞の使い方のトレーニングです。
助動詞の一つ一つに意味があることに注意させてください。
「ました」は、ここでは過去の話。
「ません」は打ち消しです。

「ません」が入るのは、二か所。あとはすべて「ました」です。
（打ち消しは特別な理由がないと選べません）

② 「赤いろうそくはたくさんあるものではあり（　）。」は、「ました」を入れたなら変な日本語になってしまいます。「ものでは」に続く言葉は打ち消しだからです。さらに、直後に「それで」とあり、「赤いろうそくを花火だと思いこんでしまいました」とあります。赤いろうそくはたくさんあるものではなかったので、さるは見たことがなく、それで花火だと思ってしまったのです。

⑥ 「まだ一度も見たことがあり（　）」も、「まだ一度も」とあるので、「ありました」とはつながりません。
さらに「しかにしても、ししにしても、……きつねにしても」と、「も」が繰り返し使われているので、さると同じで、まだ赤いろうそくを見たことがないことが分かります。

助詞、助動詞は小学校低学年ではまだ難しいので、この段階ではこうした言葉を意識することから始めましょう。徐々に、正確な使い方を身につけていくことです。

▶34～35ページの答え

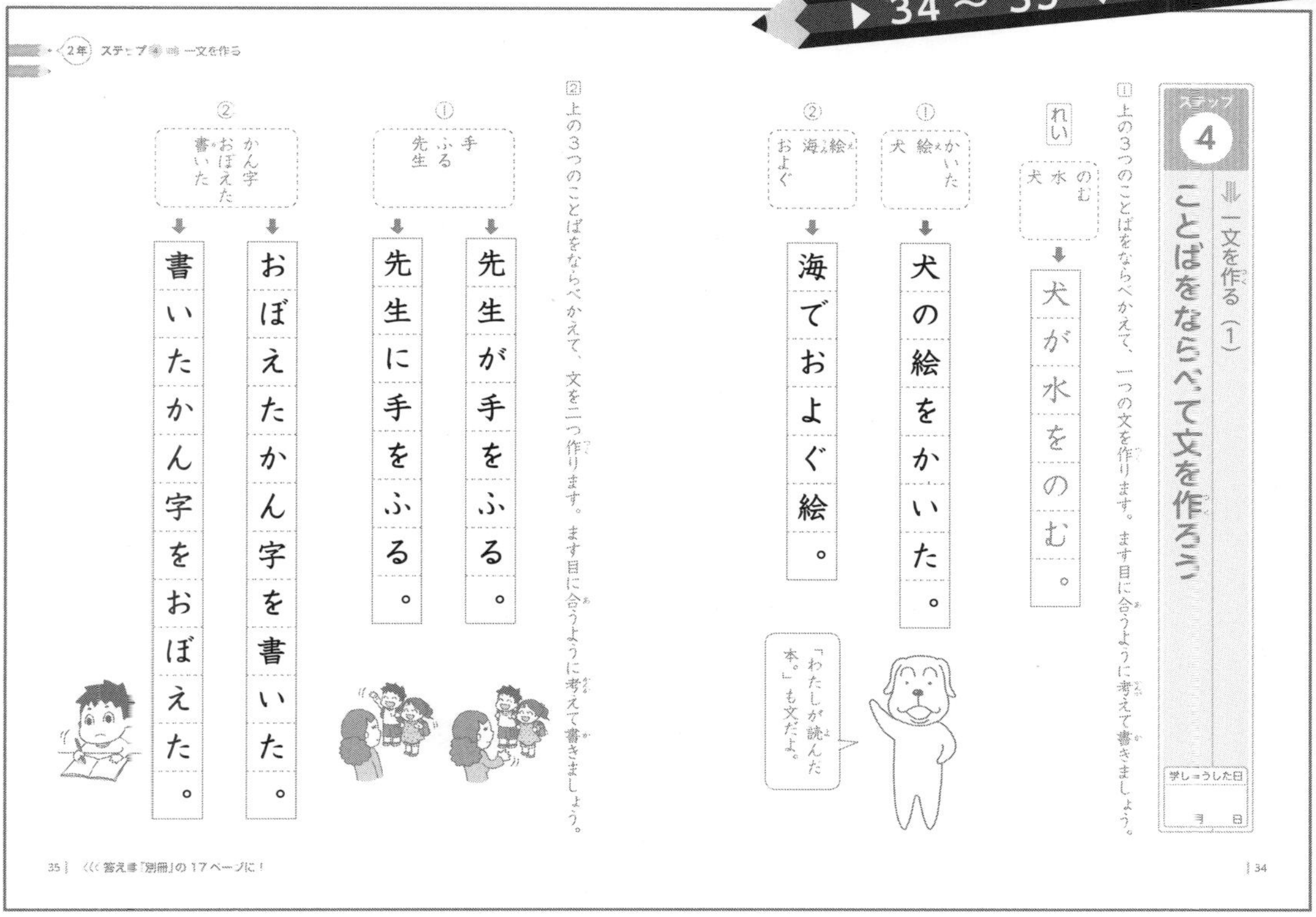
ステップ4 ⇓一文を作る（1）
ことばをならべて文を作ろう
学しゅうした日　月　日

1 上の3つのことばをならべかえて、一つの文を作ります。ます目に合うように考えて書きましょう。

れい　のむ　水　犬 ⇒ 犬が水をのむ。

① かいた　絵　犬 ⇒ 犬の絵をかいた。

② 絵　海　およぐ ⇒ 海でおよぐ絵。

2 上の3つのことばをならべかえて、文を二つ作ります。ます目に合うように考えて書きましょう。

① 手　ふる　先生 ⇒ 先生が手をふる。／先生に手をふる。

② かん字　おぼえた　書いた ⇒ おぼえたかん字を書いた。／書いたかん字をおぼえた。

くわしい考え方

「主語と述語の関係」「言葉のつながり」「助詞と助動詞の使い方」を学習したので、ステップ4ではそれらを踏まえて、いよいよ正確な一文を作成するトレーニングに入っていきます。

■問題1

①述語は「かいた」。ところが、「かいた」に対する主語は「絵が」「犬が」ではおかしいので、省略されていると分かります。何をかいたのかを補うと、「犬の絵」です。

②「およぐ」を述語とすると、「絵がおよぐ」「海がおよぐ」でおかしくなります。そこで、言葉のつながりを考えると、「海でおよぐ」「およぐ絵」となります。

■問題2

①述語は「ふる」。何を振るのかというと、「手をふる」。先生を主語と考えると「先生が手をふる」、私が主語（省略される）と考えると、「(私が) 先生に手をふる」となります。

②述語となる言葉が「書いた」「おぼえた」と二つあります。「書いた」を述語とすると、「かん字を書いた」となり、あとは「おぼえたかん字」と、言葉をつなげます。「おぼえた」を述語とすると、「かん字をおぼえた」となり、あとは「書いたかん字」と言葉をつなげます。

このように今まで学習した言葉の規則を使って文を作ります。

▶36〜37ページの答え

ステップ 4

一文を作《つく》る（2）

絵《え》に合《あ》う文を書《か》こう

学しゅうした日　月　日

1 左の絵《え》を見て、「だれが」「何《なに》を」「どうする（どうした）」の□にあてはまるように、文に書《か》きましょう。

	だれが	何《なに》を	どうする
れい	先生が	ピアノを	ひいている
れい	みんなが	歌を	うたっている
れい	リサが	トライアングルを	もっている

2 つぎの絵《え》は、サンドイッチの作り方《つくかた》の絵《え》です。作り方《つくかた》のじゅんばんを、左の□にあてはまるように後《あと》の□からえらんで文に書《か》きましょう。

	何《なに》を	どうする
はじめに	パンを	切ります
つぎに	バターを	ぬります
さらに	ハムと野さいを	のせます
さいごに	パンで	はさみます

（何《なに》で）

パンを　バターを　のせます　はさみます
パンで　ハムと野《や》さいを　切ります　ぬります

⇐くわしい考え方⇐

■問題1

まず絵を観察します。

「だれが」を主語とする文を三つ作成する問題です。示されている主語に対して、「何を」「どうする」を決めていきます。

「先生がひいている」が主語と述語。何をひいているのかというと、「ピアノ」。

「みんながうたっている」が主語と述語。何をうたっているのかというと、「歌」。

「リサがもっている」が主語と述語。何をもっているのかというと、「トライアングルを」。

解答例以外の言葉でも、「だれが、何を、どうする」の関係が正しく書けていれば正解です。

■問題2

論理とは言葉の筋道のことです。私たちは人に伝えるとき、この筋道を立てなければなかなか分かってもらえません。筋道の一つに、順番通り説明するということがあります。

もし、順番が間違っていれば、サンドイッチはうまく作れません。

文を作るときは、まず述語を決め、それにつながる言葉を選ぶようにしましょう。

38〜39ページの答え

ステップ 4 一文を作る
話《はな》しことばを文にしよう
一文を作る（3）

どうぶつ園《えん》に来《き》て、ぞうを見ました。みんなで、ぞうのはなについて話《はな》しています。

わあ、長《なが》いね。
水をのむんだね。
りんごもつかめるんだ。

1 上の話《はな》しことばを、「れい」のように文にします。（　）にあてはまることばを書《か》きましょう。

れい　わあ、長《なが》いね。→ ぞうのはなは、長《なが》い。

① 水をのむんだね。→ （ぞう）は、（はな）をつかって、（水）をのみます。

② りんごもつかめるんだ。→ （ぞう）は、（はな）で、（りんご）を（つかむ）ことができます。

学しゅうした日　月　日

38

2 どうぶつ園《えん》のことを、お父《とう》さんに聞《き》いています。つぎの絵《え》と話《はな》しことばが文になるように（　）にあてはまることばを書《か》きましょう。

① ぞうのせわをする人がいるんだね。→ （ぞう）の、（せわ）を（する人が）います。

② しいくいんっていうよ。どうぶつのせわをする人なんだ。→ どうぶつのせわをする人を、（しいくいん）といいます。

③ ふーん　どうぶつ園《えん》には、どうぶつのおいしゃさんもいるんだよ。「じゅうい」っていうんだ。→ どうぶつ園《えん》に、（じゅうい）という、どうぶつの（おいしゃさん）もいます。

39　答えは「別冊」の19ページに！

2年　ステップ4　一文を作る

くわしい考え方

「話し言葉と書き言葉」の違いを理解しましょう。書き言葉は話し言葉と違って、基本的に省略はできませんし、より正確な文を書かなければなりません。また話し言葉と書き言葉では文体も異なります。まずは「話し言葉」を書き言葉に直すトレーニングをしていきましょう。そのことで、正確な文を書く大切さが実感できると思います。

■問題1

①主語の「ぞうは」を補います。「ぞうは水をのみます」が、文の要点ですが、「はなをつかって」と、「のみます」を説明する言葉を付け加えます。

②「ぞうはリンゴをつかむことができます」が、文の要点。「はなで」と、「つかむ」を説明する言葉を付け加えます。

■問題2

①「いるんだね」は話し言葉なので、「います」に変えます。

②「しいくいんっていうよ」は述語なので、文の後にもっていきます。後は、「だれを」を補うと、「どうぶつのせわをする人を、しいくいんといいます」となります。

③「おいしゃさんもいます」が、文の要点。あとは、「じゅういという」→「おいしゃさん」、「どうぶつの」→「おいしゃさん」とつながります。さらに、「どうぶつ園には」→「います」とつながります。

40～41ページの答え

ステップ 4

⇓ 一文を作《つく》る（4）

どんな人がいる？

つぎの絵《え》を見て、だれがどんなようすであるか、左のひょうにあてはまるように答《こた》えましょう。

学しゅうした日　　月　　日

どんなようすの人が	何《なに》をしている
①（ぼうし）をかぶった男の人が	（つり）をしている。
れい ②ベンチにすわった男の人が	本を読んでいる。
れい ③犬をつれた女の人が	さん歩をしている。

ぜんぶで３人の人がいるね。
どんな人がいるかな。何《なに》をしているかな。

 答えは「別冊」の20ページに！

くわしい考え方

絵を見て、そこにある情報を正確な文にするトレーニングです。それぞれ主語と述語、そして、それらを説明する言葉を考えましょう。

絵の中で男の人は二人です。一人は帽子をかぶり、もう一人はベンチにすわっています。

①は「男の人がつりをしている。」が文の要点。「ぼうしをかぶった」が「男の人」を説明している言葉です。

②の「ベンチにすわった男の人」は、「めがねをかけた人」とすることもできます。この場合の述語は「（ベンチに）すわっている」にもなります。

③の「犬をつれた女の人が」の述語は、「さん歩をしている」または「歩いている」です。

▶42～43ページの答え

ステップ 4

一文を作《つく》る（5）

図《ず》を文にまとめよう

学しゅうした日　月　日

① 上のひょうとグラフを見て、わかることをはっぴょうします。すきな人がいちばん多《おお》いスポーツは何《なに》か、文に書《か》きましょう。

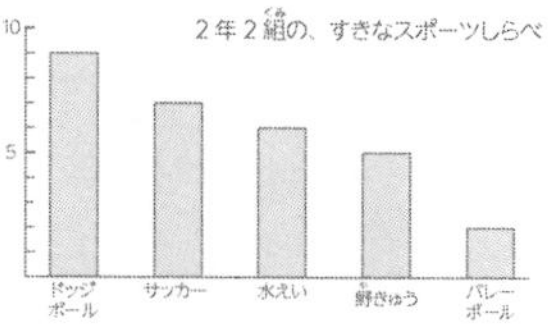

サッカー	野《や》きゅう	ドッジボール	水えい	バレーボール
7	5	9	6	2

わたしのクラスで、

すきな人がいちばん多《おお》いスポーツは

ドッジボール

です。

② 子ども会《かい》でハイキングに出かけます。上の絵《え》を見て、もちものを友《とも》だちにつたえるための文を書《か》きましょう。

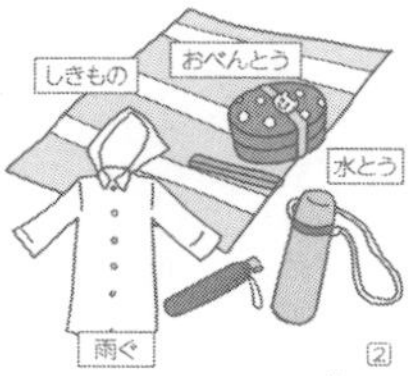

ハイキングのもちものは、

しきものと　雨ぐ　と、おべんとう　と、

水とう　です。

③ これは、さいころの形《かたち》をしたはこを、ひらいた図《ず》です。さいころの形《かたち》の面《めん》は何《なん》こで、どんな形《かたち》をしているか、せつめいする文を書《か》きましょう。

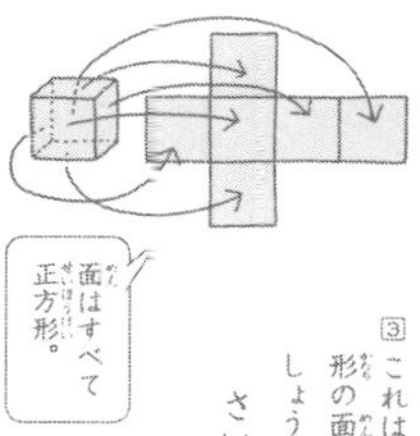

さいころの形《かたち》には、

面が6こあり、すべて正方形

です。

くわしい考え方

今度は図を見て、読み取った情報を正確な文にするトレーニングです。

■問題1

まず主語と述語を考えます。

主語は「すきな人がいちばん多いスポーツは」、それに対して、述語は「ドッジボールです」。（表の数字を見ると、いちばん多いのがドッジボールの9です）

■問題2

「ハイキングのもちものは」が主語で、述語は「～です」。後は、持ち物である「しきものと雨ぐと、おべんとうと、水とう」を書けばいいだけです。これらはどの順番でも正解です。

■問題3

算数の問題。「面が～あり」「すべて～です」が、主語と述語。後は、図を見て、面の数を数えると6個、一つ一つの形はすべて正方形（図の中に書いてあります）だと分かります。

▶44～45ページの答え

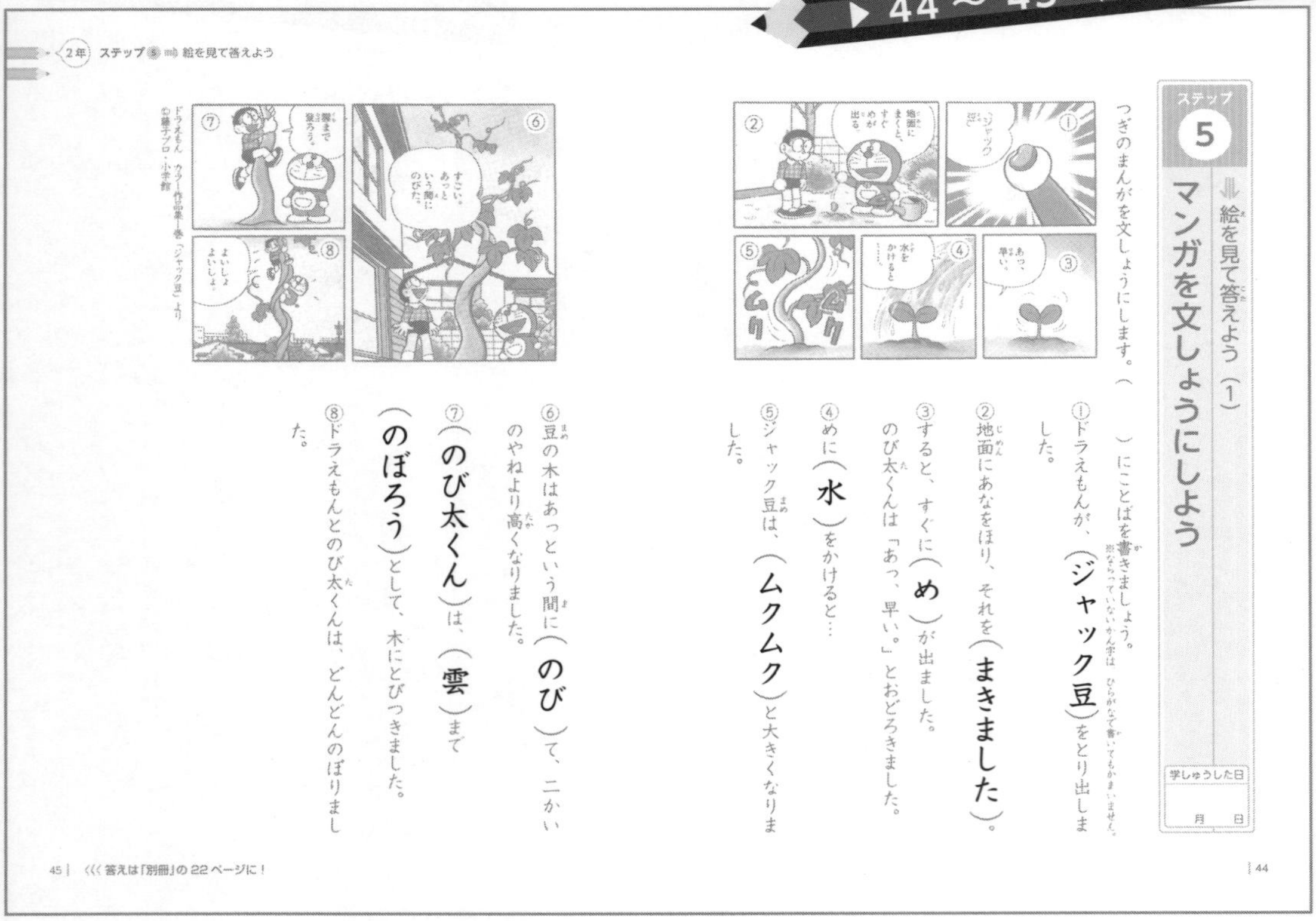

2年 ステップ5 絵を見て答えよう
ステップ 5
絵《え》を見て答《こた》えよう（1）
マンガを文しょうにしよう
学しゅうした日 月 日
つぎのまんがを文しょうにします。（ ）にことばを書《か》きましょう。
※ならっていないかん字は ひらがなで書《か》いてもかまいません。
ジャック豆。
地面にまくと、すぐめが出る。
あっ、早い。
水をかけると……。
ムク ムク
すごい。あっという間にのびた。
雲まで登ろう。
よいしょよいしょ。
ドラえもん カラー作品集一巻「ジャック豆」より ©藤子プロ・小学館
①ドラえもんが、（ジャック豆）をとり出しました。
②地面《じめん》にあなをほり、それを（まきました）。
③すると、すぐに（め）が出ました。のび太《た》くんは「あっ、早い。」とおどろきました。
④めに（水）をかけると…
⑤ジャック豆《まめ》は、（ムクムク）と大きくなりました。
⑥豆《まめ》の木はあっという間《ま》に（のび）て、二かいのやねより高《たか》くなりました。
⑦（のび太くん）は、（雲）まで（のぼろう）として、木にとびつきました。
⑧ドラえもんとのび太《た》くんは、どんどんのぼりました。
44
45 ＜＜＜答えは「別冊」の22ページに！

くわしい考え方

ステップ5も、ステップ4に続いて文を作成するトレーニングですが、様々な応用問題を楽しみましょう。すべての教科の土台となる国語力を鍛えるための基本トレーニングです。

①ドラえもんが取り出したのは、「ジャック豆」。
②セリフに「地面にまくと」とあります。
③絵を見ると、芽が出てきたのが分かります。
④絵に「水をかけると……。」と書いてあります。
⑤木が成長する様子を、絵には「ムクムク」と書いてあります。
⑥セリフに「あっという間にのびた」とあります。
⑦主語は「のび太くん」、述語は「のぼろうとして」。では、どこまで登ろうとしたのかというと、セリフに「雲まで登ろう」とあります。

▶46～47ページの答え

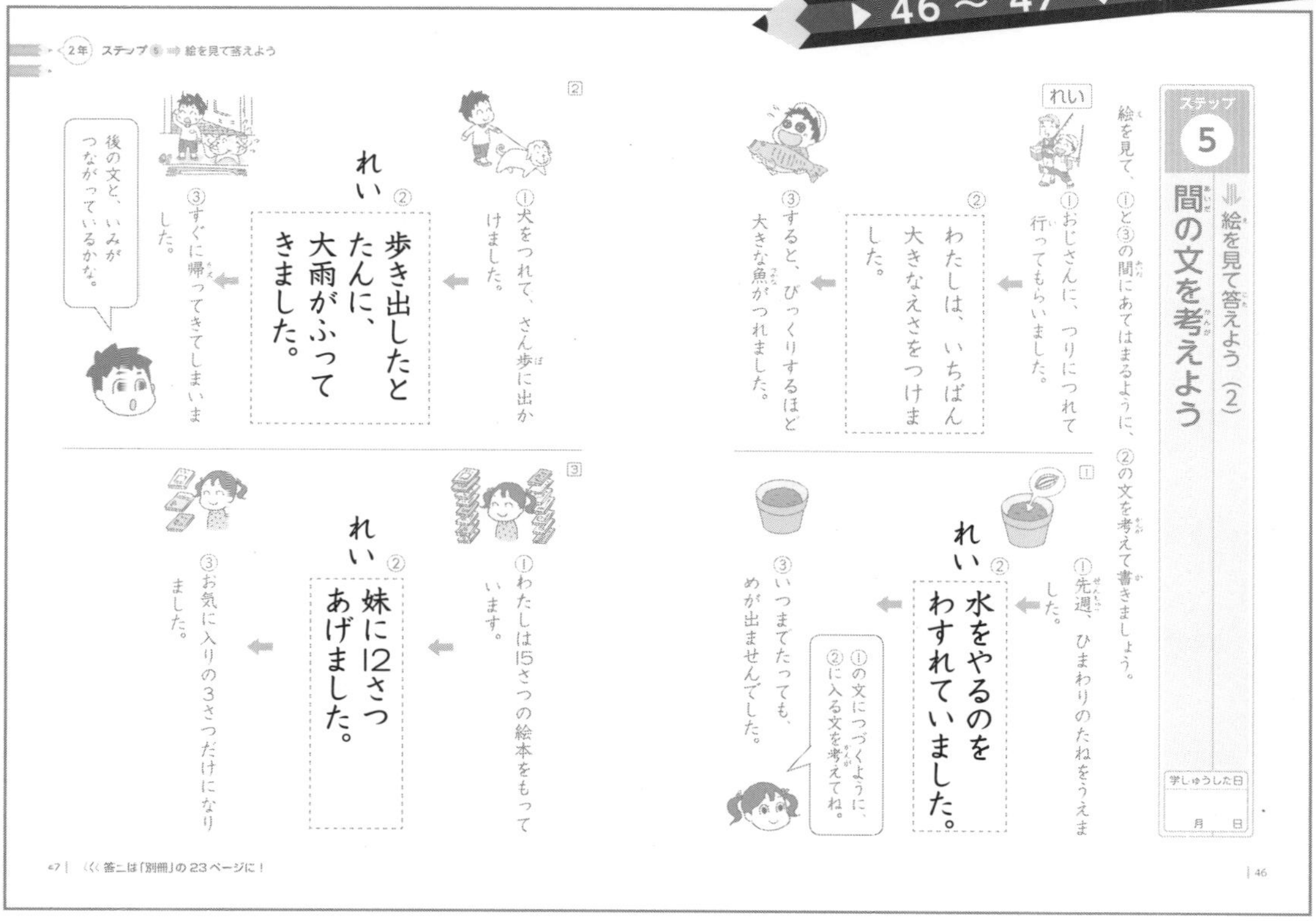

ステップ 5

⇓絵《え》を見て答《こた》えよう（2）

間《あいだ》の文を考《かんが》えよう

学しゅうした日　月　日

絵《え》を見て、①と③の間《あいだ》にあてはまるように、②の文を考《かんが》えて書《か》きましょう。

れい

①おじさんに、つりにつれて行《い》ってもらいました。

②わたしは、いちばん大きなえさをつけました。

③すると、びっくりするほど大きな魚《さかな》がつれました。

1

①先週《せんしゅう》、ひまわりのたねをうえました。

②れい 水をやるのをわすれていました。

③いつまでたっても、めが出ませんでした。

①の文につづくように、②に入る文を考《かんが》えてね。

2

①犬をつれて、さん歩《ぽ》に出かけました。

②れい 歩き出したとたんに、大雨がふってきました。

③すぐに帰《かえ》ってきてしまいました。

後の文と、いみがつながっているかな。

3

①わたしは15さつの絵本をもっています。

②れい 妹に12さつあげました。

③お気に入りの3さつだけになりました。

くわしい考え方

論理力がない人は、必ずどこかで論理の飛躍があります。そこで、今のうちに論理を身につけていく訓練をすることが非常に効果的です。（論理力のない人は自分が飛躍したことにも気がつきません）。

「れい」では③の「すると」に着目。なぜ、「大きな魚がつれた」のかというと、②「大きなえさをつけた」からです。もちろん、他の答えでも、筋道が通っていれば正解です。

大切なことは、子どもに自分の頭で考えさせること、「大きなえさをつけた」→すると、→「大きな魚がつれた」といった筋道を意識させることです。

■問題1

②には、③「めが出ませんでした」の理由となるものを入れます。「水をやるのをわすれていた」→（だから）→「めが出なかった」といった筋道です。

■問題2

③「すぐに帰ってきてしまいました」の理由を、②に入れます。「大雨がふってきた」→（だから）→「すぐに帰ってきた」という筋道です。

■問題3

③「3さつだけになりました」の理由が、②「妹に12さつあげました」です。

15－3＝12

という簡単な算数の問題です。

問題1・2・3とも筋道が通っていれば正解です。もしわかりにくいようなら、文末に（だから）という接続語を入れてやると、分かりやすいかもしれません。

▶48～49ページの答え

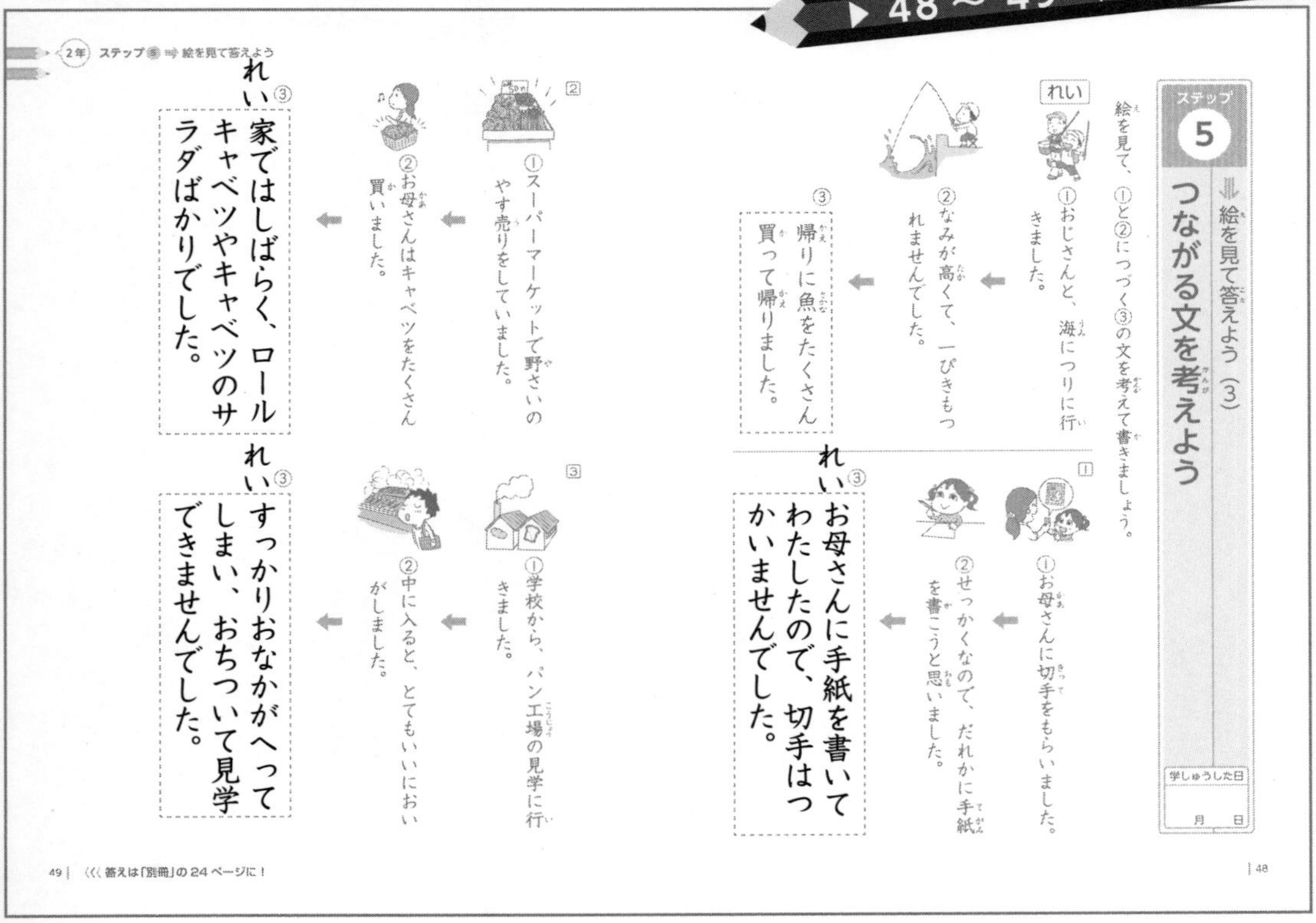
ステップ 5
⇓絵《え》を見《み》て答《こた》えよう（3）
つながる文《ぶん》を考《かんが》えよう
学しゅうした日　月　日
絵《え》を見《み》て、①と②につづく③の文《ぶん》を考《かんが》えて書《か》きましょう。
れい
①おじさんと、海《うみ》につりに行《い》きました。
②なみが高《たか》くて、一ぴきもつれませんでした。
③帰《かえ》りに魚《さかな》をたくさん買《か》って帰《かえ》りました。
1
①お母《かあ》さんに切手《きって》をもらいました。
②せっかくなので、だれかに手紙《てがみ》を書《か》こうと思《おも》いました。
③れい お母さんに手紙を書いてわたしたので、切手はつかいませんでした。
48
2年　ステップ5 ⇒ 絵を見て答えよう
2
①スーパーマーケットで野《や》さいのやす売《う》りをしていました。
②お母《かあ》さんはキャベツをたくさん買《か》いました。
③れい 家ではしばらく、ロールキャベツやキャベツのサラダばかりでした。
3
①学校から、パン工場《こうじょう》の見学に行《い》きました。
②中に入ると、とてもいいにおいがしました。
③れい すっかりおなかがへってしまい、おちついて見学できませんでした。
49　《《《 答えは「別冊」の24ページに！

くわしい考え方

原因と結果の関係を理解し、その結末を予想する問題です。実は、論理を意識すると、読まなくても、先を予想することができます。たとえば、

私は一生懸命勉強した。だから、（　　）。

この時、「だから」があれば、自ずと結論は「成績が上がった」と予想できるし、

私は一生懸命勉強した。しかし、（　　）。

と、「しかし」があれば、自ずと結論「成績が上がらなかった」と予想できます。

算数の文章題でも、論理を意識すると、自然と答えが予想できるのであって、だから計算間違いをしてもすぐに気がつくことができるのです。

今回は原因と結果の関係なので、

A（理由・根拠）→（だから）B（結論）

という論理パターンですが、AからBを予想する問題です。

「れい」では②の「一ぴきもつれませんでした」の結果を予想します。もちろん、因果関係が成り立つよう、「つれなかった」から「買って帰った」としています。どれも原因と結果の間に筋道が通っていれば、正解です。

■問題1

「手紙を書く」「切手をどうしたのか」といった二つの情報が必要です。

■問題2

キャベツがたくさんあることから、結論を予想します。

■問題3

パンのいい匂いをかいだことから予想できることを書きます。

▶50～51ページの答え

ステップ 5

絵《え》を見て答《こた》えよう（4）

どれだけ時《じ》間《かん》がかかるかな？

かぞくで水ぞくかんに出かけました。これは、家《いえ》を出てから午後《ごご》2時《じ》までのできごとを絵《え》にあらわしたものです。

午後《ごご》5時《じ》には家《いえ》に帰《かえ》ろうと思《おも》います。イルカショーとアシカショーのどちらを見るとよいですか。また、それはなぜでしょう。理《り》ゆうをつづけて書《か》きましょう。

ショーの名前《なまえ》

イルカショー

理《り》ゆう

家《いえ》から水ぞくかんまで1時《じ》間《かん》30分《ぷん》かかります。アシカショーは、午後4時までなので、それから家に帰ると5時30分になってしまうからです。

学しゅうした日　月　日

くわしい考え方

「時間」を意識しましょう。さらに、理由を説明できるようにします。今度は算数の要素の入った問題です。

まず家から水ぞくかんまで、車でどれくらいの時間がかかるかを計算します。午前10時に家を出て、午前11時半についたのだから、1時間半です。午後5時に家に帰ろうとするなら、少なくとも3時半には水ぞくかんを出なければなりません。

アシカショーは午後4時までなので、それからでは午後5時に間に合いません。そこで、イルカショーを見ることにします。

このように筋道を立てて考え、それを正確な文として書くことができたかどうかです。

▶ 52 〜 53ページの答え

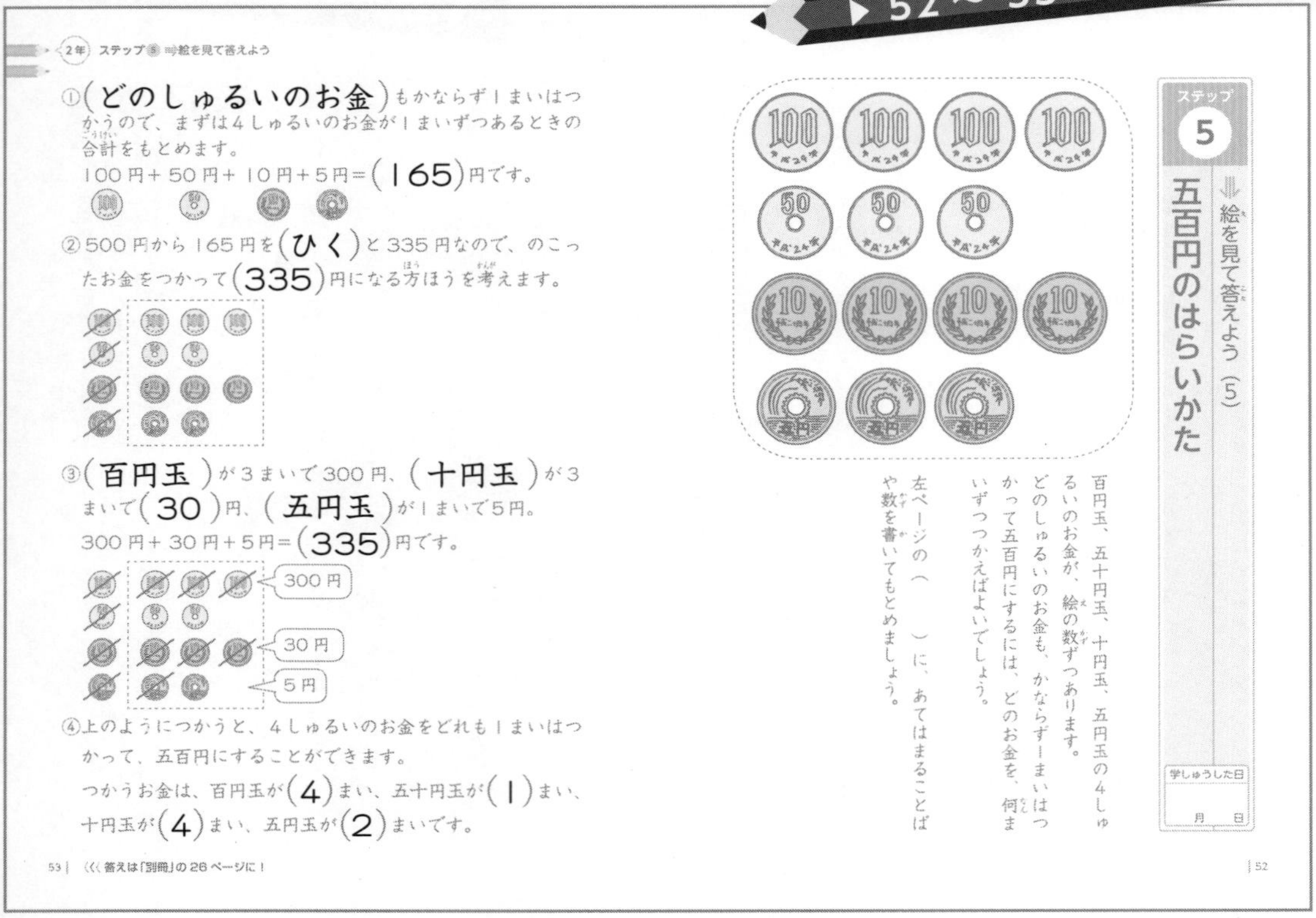

ステップ 5

五百円のはらいかた

⇓絵を見て答えよう（5）

百円玉、五十円玉、十円玉、五円玉の4しゅるいのお金が、絵《え》の数《かず》ずつあります。
どのしゅるいのお金も、かならず1まいはつかって五百円にするには、どのお金を、何《なん》まいずつつかえばよいでしょう。

左ページの（　　）に、あてはまることばや数《かず》を書《か》いてもとめましょう。

学しゅうした日　月　日

52

2年　ステップ5　⇒絵を見て答えよう

①（どのしゅるいのお金）もかならず1まいはつかうので、まずは4しゅるいのお金が1まいずつあるときの合計《ごうけい》をもとめます。
100円＋50円＋10円＋5円＝（165）円です。

②500円から165円を（ひく）と335円なので、のこったお金をつかって（335）円になる方《ほう》ほうを考《かんが》えます。

③（百円玉）が3まいで300円、（十円玉）が3まいで（30）円、（五円玉）が1まいで5円。
300円＋30円＋5円＝（335）円です。

300円
30円
5円

④上のようにつかうと、4しゅるいのお金をどれも1まいはつかって、五百円にすることができます。
つかうお金は、百円玉が（4）まい、五十円玉が（1）まい、十円玉が（4）まい、五円玉が（2）まいです。

53　〈〈答えは「別冊」の26ページに！

くわしい考え方

今回も算数の問題を国語力で解きましょう。大切なのは、筋道の通った考え方です。

どの種類のお金も必ず一枚ずつ使うので、
100 + 50 + 10 + 5 = 165 円
は必ず必要です。では、あといくらお金が必要なのかというと、
500 円− 165 円= 335 円
これであとは好きな使い方をしてもいいわけです。
そこで、百円3枚で、300円。
十円3枚で30円。
あと五円1枚で5円。
合計335円となり、最初の165円をたすと、500円となります。

▶ 54 〜 55 ページの答え

ステップ 6

⇓ 気《き》もちを考《かんが》えよう（1）

気もちをあらわすことば

学しゅうした日　月　日

今日《きょう》はうんどう会《かい》です。カズマくんとリサちゃんは、50メートル走《そう》に出ました。

スタートでつまずいたカズマくんでしたが、ぐんぐんみんなをおいぬいて、いちばんにゴールしました。カズマくんはうれしそうに「やった！」とさけんで、一とうのはたのところにかけていきました。

右の文の中で、カズマくんの気もちをあらわしていることばを書《か》きましょう。

うれしそう

ろんりポイント

人の気もちをあらわすことばがあります。
・楽《たの》しい　・くやしい　・さみしい　など
文しょうを読むときは、その人がどんな気もちかを考《かんが》えましょう。

つぎの文しょうを読《よ》んで、あとのもんだいに答《こた》えましょう。

①

む中になってすな場《ば》で山をつくっているうちに、日がくれてきました。まわりを見ると、公園《こうえん》にはもうだれもいません。シャベルをうごかす手を止《と》めると、たくやくんはきゅうにさみしくなりました。

たくやくんの気もちをあらわすことばを書《か》きましょう。

さみしくなりました。

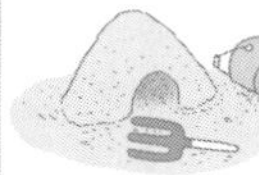

②

今日《きょう》の体《たい》いくの時間《じかん》は、50メートル走《そう》のきろくをはかることになっていた。わたしは走《はし》るのがにが手だから、前《まえ》の日からいやでいやでしかたがなかった。

わたしの気もちをあらわすことばを書《か》きましょう。

いやでいやでしかたがなかった。

くわしい考え方

ステップ6は物語文・小説の読み方のトレーニングです。物語文も自分の感覚で読まず、文章の中にある論理に従って読んでいかなければ、国語で高得点を取ることは難しいのです。

とくに、物語文はほとんど登場人物の心情（気持ち）を客観的に読み取ったかどうかが問われます。

当然、説明文などとは異なる読み方・解き方が必要で、そのために今から簡単な問題を通して、登場人物の心情をとらえる練習をしていきます。

例題　人の気持ちを表す言葉に着目して、その言葉が出てきたなら、必ず線を引くか、丸で囲むようにしましょう。この場合は、「うれしそうに」です。

①登場人物の名前は「たくやくん」。「たくやくんはきゅうにさみしくなりました」とあるので、気持ちを表す言葉は「さみしくなりました」。

②登場人物は「わたし」。「わたしは〜いやでいやでしかたがなかった」とあるので、「いやでいやでしかたがなかった」が気持ちを表す言葉です。

▶56～57ページの答え

ステップ 6
⇓気《き》もちを考《かんが》えよう（2）
ようすから気《き》もちを考《かんが》える

学しゅうした日　月　日

うんどう会《かい》のつぎのしゅもくは玉入れです。リサちゃんのいる赤組《あかぐみ》が、カズマくんたちの白組《しろぐみ》にかちました。

みんなは赤組《あかぐみ》と白組《しろぐみ》に分《わ》かれ、どんどん玉をなげました。
きょうぎがおわり、入った玉の数《かず》を数《かぞ》えます。赤《あか》組《ぐみ》のほうが、一つだけ多《おお》く入っていました。
リサちゃんは、「ばんざい！」と声《こえ》を上げながらとびはねました。

右の文の中で、リサちゃんの気もちは、どんなようすからもわかりますか。

とびはねている ようす。

ろんりポイント
ようす（うごき）から、その人がどんな気もちなのか、わかることがあります。
・とぼとぼ歩《ある》く　・目をきらきらかがやかせるなど。

つぎの文しょうを読《よ》んで、あとのもんだいに答《こた》えましょう。

①
とつぜん、目の前《まえ》にくまのように大きな犬があらわれて、ううとうなりました。たび人はおそろしくてがたがたふるえ、声《こえ》を出すこともできません。

たび人が、おそろしいと思《おも》っているのは、どんなようすからもわかるでしょう。

（おそろしくて）がたがたふるえ、声を出すこともできない ようすからもわかる。

②
だれもいないと思《おも》っていた図書《としょ》しつで、きゅうにうしろから自分《じぶん》の名前《なまえ》がよばれた。わたしはおどろいて、とび上がりそうになった。

わたしの気もちがわかるようすを書《か》きましょう。

とび上がりそうになった ようすからもわかる。

くわしい考え方

前問は「気持ちを表す言葉」が直接書かれているので、簡単だったと思います。ところが、物語文は登場人物の気持ちを直接表現していないことが多く、それが設問になるのです。

では、登場人物の気持ちはどのように表現されているのでしょうか？ その一つが動作（動き）です。そこで、登場人物の気持ちが表れている動作を見つけて、線を引きましょう。

例題　リサちゃんのうれしい気持ちが「とびはねました」という動作で表現されています。

①登場人物は「たび人」。その「おそろしい」気持ちを表現したのが、「がたがたふるえ、声を出すこともできません」。
②登場人物は「わたし」。そのおどろいた気持ちを「とび上がりそうになった」と表現しています。

ステップ 6

⇓ 気《き》もちを考《かんが》えよう（3）

気《き》もちの理《り》ゆう

学しゅうした日　月　日

おべんとうの時間《じかん》です。リサちゃんがつつみをひらくと、大すきないちごがたくさん入ったいれものがありました。

おべんとうの時間《じかん》になりました。つつみをひらくと、おべんとうのほかに、べつのいれものがあります。何《なに》だろうと思《おも》ってあけてみると、大すきないちごがたくさんならんでいました。リサちゃんは大よろこびで、さっそくひとつ口に入れました。

右の文で、リサちゃんがよろこんだのは、なぜですか。理《り》ゆうを書《か》きましょう。

大すきないちごがたくさんならんでいたから。

なぜ、その人がそんな気もちになったのか、理《り》ゆうを考《かんが》えてみましょう。

つぎの文しょうを読《よ》んで、あとのもんだいに答《こた》えましょう。

①

かわいいぼうやの手にしもやけができてはかわいそうだから、夜《よる》になったら、町まで行《い》って、ぼうやのお手々にあうような毛糸《けいと》の手ぶくろを買《か》ってやろうと思《おも》いました。（新美南吉「手ぶくろを買いに」より）

どのようになると、かわいそうだと思《おも》ったのでしょう。

（手に）しもやけができてはかわいそう。

②

お母《かあ》さんぎつねは、心配《しんぱい》しながら、ぼうやのきつねの帰《かえ》って来《く》るのを、今《いま》か今《いま》かとふるえながらまっていましたので、ぼうやが来ると、あたたかいむねにだきしめてなきたいほどよろこびました。（新美南吉「手ぶくろを買いに」より）

ぼうやのきつねが来《き》て、お母《かあ》さんぎつねがよろこんだのはなぜでしょう。

お母《かあ》さんぎつねは、心《しん》ぱいしながら、（**ぼうやのきつねの**）帰って来るのを、今《いま》か今《いま》かとふるえながら（**まっていた**）から。

くわしい考え方

人がうれしくなったり、悲しくなったり、怒ったり泣いたりするには、必ず理由があります。その理由を読み取りましょう。

例題　登場人物は「リサちゃん」。リサちゃんが喜んだのは、「大すきないちごがたくさんならんでいました」とあるから。

①「しもやけができてはかわいそうだから」とあります。そこで、「かわいそう」と思った理由が、「しもやけができては」だと分かります。

②お母さんぎつねがよろこんだ理由は、「心配しながら、ぼうやのきつねの帰って来るのを、今か今かとふるえながらまっていましたので」とあります。このとき理由を表す言葉、「ので」があることに注意。

▶ 60 ～ 61 ページの答え

ステップ 6
⇓ 気もちを考《かんが》えよう（4）
気もちを読《よ》みとる（1）

学しゅうした日　月　日

つぎの文しょうを読《よ》んで、あとのもんだいに答《こた》えましょう。

そこでさるは花火というものが、どんなに大きな音をしてとび出すか、そしてどんなにうつくしく空にひろがるか、みんなに話《はな》して聞《き》かせました。そんなにうつくしいものなら見たいものだと①みんなは思《おも》いました。

「それなら、今《こん》ばん山のてっぺんに行《い》ってあそこで②うち上げて見よう」とさるがいいました。みんなは大へんよろこびました。夜《よる》の空に星《ほし》をふりまくようにぱあっとひろがる花火を目にうかべてみんなはうっとりしました。

さて夜《よる》になりました。みんなはむねをおどらせて山のてっぺんにやって行《い》きました。さるはもう赤いろうそくを木のえだにくくりつけてみんなの来《く》るのをまっていました。

（新美南吉「赤いろうそく」より）

①みんなはどのように思《おも》いましたか。

そんなにうつくしいものなら見たいものだ。

②さるがうち上げて見ようと言《い》ったら、みんなはどんなようすでしたか。

大へんよろこびました。

くわしい考え方

登場人物の気持ちが表れている箇所に、すべて線を引いて読んでいきます。

①さるの話を聞いてみんなが思ったことは、「そんなに美しいものなら見たいものだ」です。

②さるが花火を「打ち上げてみよう」と言ったとき、みんなの気持ちは「大へんよろこびました」と表現されています。

▶ 62 ～ 63 ページの答え

ステップ 6

⇓気もちを考《かんが》えよう（5）

気もちを読《よ》みとる（2）

つぎの文しょうを読《よ》んで、あとのもんだいに答《こた》えましょう。

※ならっていないかん字は、ひらがなで書いてもかまいません。

学しゅうした日　月　日

まったく、豆太《まめた》ほど①おくびょうなやつはない。もう五つにもなったんだから、夜中《よなか》に、一人で※せっちんぐらいに行《い》けたっていい。

ところが、豆太《まめた》は、せっちんは表《おもて》にあるし、表《おもて》には大きなモチモチの木がつっ立っていて、空いっぱいのかみの毛《け》をバサバサとふるって、りょう手を「わあっ。」とあげるからって、夜中《よなか》には、じさまについてってもらわないと、一人じゃしょうべんもできないのだ。

じさまは、ぐっすりねむっている真夜中《よなか》に、豆太《まめた》が「じさまぁ。」って、どんなに小さい声でいっても、「しょんべんか。」と、すぐ目をさましてくれる。いっしょにねている一まいしかないふとんを、ぬらされちまうよりいいからなぁ。

それに、とうげのりょうし小屋《ごや》に、自分《じぶん》とたった二人でくらしている豆太《まめた》が、②かわいそうで、かわいかったからだろう。

（斎藤隆介『モチモチの木』より）

※せっちん…トイレのこと。

①どのようなことから、おくびょうであることがわかりますか。

夜中に、一人でせっちんにも行けないこと。

②じさまが、豆太《まめた》をかわいそうで、かわいく思《おも》うのはなぜですか。

とうげのりょうし小屋に、自分とたった二人でくらしているから。

63｜ 答えは「別冊」の31ページに！　｜62

くわしい考え方

①登場人物は「豆太」で、最初に「豆太ほどおくびょうなやつはいない」とあります。そこで、なぜ「おくびょうであることがわかるのか」、問題文からそれが書いてある箇所を探さなければなりません。傍線直後に「夜中に、一人でせっちんぐらいに行けたっていい」とあるので、豆太はおくびょうなので、夜中に一人でせっちん（トイレ）にもいけないと分かります。

②「かわいそうで、かわいかった」理由は、傍線直前に「とうげのりょうし小屋に、自分とたった二人でくらしている」と書いてあります。

物語文や小説問題であっても、説明文と同じように、必ず答えやその根拠は問題文の中にあります。だから、物語文の問題を解くときは、必ず文中の根拠を探すようにしてください。

おわりに

論理力とは「イコールの関係」「対立関係」など、言葉の一定の規則にしたがった使い方です。頭の良さは先天的なものであるかもしれませんが、論理力は言葉の使い方である限り後天的であり、学習や訓練によって習得すべきものなのです。

そして、学習において、あるいは、生涯にわたって知的活動をするうえで、本当に必要なのは頭の良さではなく、論理力です。そうした論理力を体系的に学ぶプログラム・教材は今までどこにも存在していませんでした。本書はまさに画期的な一冊なのです。

しかも、文部科学省が示した現在の指導要領では、言語活動の充実がもっとも大きな目標となっています。本書は子どもの言語活動を充実させ、頭脳を活性化させ、自分でものを考えることができる能力を養成します。

ただし言葉は習熟しなければ何の役にも立ちません。そこで、本書は「基礎編」から「習熟編」へと、無理なく言葉の論理的な使い方を習熟できるようにプログラムしました。

小学校六年間で、「論理エンジン」に本気で取り組んだ子どもは、これから先より充実した人生を送ることを私は確信します。